Torsten Thiedemann

Mehrwert für Unternehmen und Kunden durch Management von Kerngeschäftsprozessen unter Berücksichtigung von Transaktionskosten

Thiedemann, Torsten

Mehrwert für Unternehmen und Kunden durch Management von Kerngeschäftsprozessen unter Berücksichtigung von Transaktionskosten

Wismarer Beiträge zum Consulting, Band 7
Herausgegeben von:
Prof. Dr. Thomas Wilke
Prof. Dr. Kai Neumann
Prof. Dr. Jürgen Zeis
Prof. Dr. Andreas von Schubert

1. Auflage 2013 | ISBN: 978-3-86741-865-2
© Europäischer Hochschulverlag GmbH & Co. KG, Bremen, 2013.
Alle Rechte vorbehalten.

Torsten Thiedemann

Mehrwert für Unternehmen und Kunden durch Management von Kerngeschäftsprozessen unter Berücksichtigung von Transaktionskosten

Wismarer Beiträge zum Consulting, Band 7

www.eh-verlag.de

Inhaltsverzeichnis

Abbildungsverzeichnis IV
Tabellenverzeichnis V
Abkürzungsverzeichnis VI
1. Einleitung 1
   1.1 Zielsetzung der Arbeit 1
   1.2 Aufbau der Arbeit 1
2. Transaktionskosten in der Institutionenökonomie 3
   2.1 Perspektiven von Transaktionskosten 3
       2.1.1 Markttransaktionskosten 4
       2.1.2 Unternehmenstransaktionskosten 6
       2.1.3 Politische Transaktionskosten 7
   2.2 Property-Rights-Theorie 8
   2.3 Zwischenergebnis 10
3. Transaktionskostenansatz nach Oliver E. Williamson 12
   3.1 Zeitliche Perspektiven von Transaktionskosten 13
       3.1.1 Ex-ante-Transaktionskosten 14
       3.1.2 Ex-post-Transaktionskosten 15
   3.2 Verhaltensannahmen 17
       3.2.1 Begrenzte Rationalität 17
       3.2.2 Opportunismus 18
       3.2.3 Risikoneutralität 20
       3.2.4 Principal-Agent-Theorie 20
   3.3 Dimensionen von Transaktionen 22
       3.3.1 Faktorspezifität 22
       3.3.2 Unsicherheit 25
       3.3.3 Häufigkeit 26
   3.4 Fundamentale Transformation 27
   3.5 Zwischenergebnis 28
4. Prozessmanagement durch prozessorientierte Aufbaustrukturen 29
   4.1 Von der Aufbauorganisation zur Prozessorganisation 29
   4.2 Effizienzkriterien prozessorientierter Aufbaustrukturen und deren institutionenökonomische Bewertung 32
       4.2.1 Motivationseffizienz 32
           4.2.1.1 Charakterisierung 32
           4.2.1.2 Bewertung aus institutionenökonomischer Sicht 33

    4.2.2 Koordinationseffizienz 34
        4.2.2.1 Charakterisierung 34
        4.2.2.2 Bewertung aus institutionenökonomischer Sicht 35
    4.2.3 Anpassungseffizienz 37
        4.2.3.1 Charakterisierung 37
        4.2.3.2 Bewertung aus institutionenökonomischer Sicht 38
  4.3 Herausforderungen durch E-Government 38
  4.4 Zwischenergebnis 40

5. Qualitätsbegriff im Prozessmanagement 42
  5.1 Begriffsdefinition von Qualität 42
  5.2 Abgrenzung des Qualitätsbegriffs im Prozessmanagement 43
  5.3 Produktqualität in Dienstleistungsorganisationen 44
  5.4 Prozess- und Systemqualität aus institutionenökonomischer Sicht 45
  5.5 Qualitätssteigerung durch Vertikale Integration 47
  5.6 Zwischenergebnis 48

6. Die Determinanten Zeit, Kosten, Quantität und Qualität 50
  6.1 Institutionenökonomische Betrachtung der Determinanten 50
    6.1.1 Zeit 50
    6.1.2 Kosten 51
    6.1.3 Quantität 52
    6.1.4 Qualität 53
  6.2 Zielkonflikte zwischen Zeit, Kosten und Qualität 54
  6.3 Prozessbenchmarking durch die Dimensionen Zeit, Kosten, Qualität ... 55
  6.4 Zwischenergebnis 56

7. Instrumente zur Bewertung von Prozessen 57
  7.1 Anforderungen an Instrumente zur Prozessbewertung 57
  7.2 Prozesskennzahlen als controlling-orientiertes Instrument 58
  7.3 Prozesskostenrechnung als kostenrechnerisches Instrument 60
  7.4 Balanced Scorecard 63
  7.5 Institutionenökonomische Bewertung 65
  7.6 Zwischenergebnis 66

8. Strukturen und Prozesse aus der Unternehmensstrategie ableiten 68
  8.1 Die Rolle der Unternehmensleitung in der Strategieableitung 68
  8.2 Prozessmanagement durch den top-down-und bottom-up-Ansatz 69
  8.3 Zwischenergebnis 71

9. **Produkte und Dienstleistungen aus Kundensicht** 72
   - 9.1 Produkt- und Dienstleistungsvarianten sowie Kundengruppen 72
   - 9.2 Bedeutung von interner und externer Kundenerwartung und Kundenzufriedenheit 73
   - 9.3 Kundenerwartungen ermitteln 74
   - 9.4 Kundenzufriedenheit ermitteln 76
   - 9.5 Zwischenergebnis 78

10. **Zusammenfassung und Schlussfolgerungen** 80

Literaturverzeichnis 83

Abbildungsverzeichnis

Abbildung 1: Prozessdefinition 30
Abbildung 2: Organisatorische Effizienzkriterien 32
Abbildung 3: Zeit-Kosten-Qualitäts-Dreieck 54
Abbildung 4: Prozesskostenrechung - Überblick der Bestandteile 61

Tabellenverzeichnis

Tabelle 1: Übersicht ausgewählter Prozesskennzahlen.. 60

Abkürzungsverzeichnis

BSC	Balanced Scorecard
EGovG	E-Government-Gesetz
eID	elektronische Identifizierung
et al	et alii
Hrsg.	Herausgeber
qeS	qualifizierte elektronische Signatur
SLA	Service-Level-Agreement

1. Einleitung

1.1 Zielsetzung der Arbeit

Aus jeder unternehmerischen Aktivität resultieren Kosten für das Unternehmen. Die Institutionenökonomie spricht von Transaktionskosten. Im Rahmen der Arbeit wird die institutionenökonomische Sicht auf Transaktionskosten mit den Ansätzen des Prozessmanagements verknüpft. Die wesentlichen Einflussfaktoren auf Transaktionskosten werden herausgearbeitet und die Beeinflussbarkeit durch das Prozessmanagement betrachtet.

Oliver E. Williamson hat die Transaktionskostentheorie durch seine Arbeiten wesentlich geprägt. Seine Ansätze bilden den theoretischen Bezugsrahmen für die Betrachtung des Prozessmanagements.

1.2 Aufbau der Arbeit

Im ersten Teil der Arbeit (Kapitel 2 bis Kapitel 3) werden Transaktionskosten aus Sicht der Institutionenökonomie betrachtet. Die Ergebnisse der institutionenökonomischen Betrachtung der Transaktionskostentheorie bilden die Ausgangsbasis für die spätere Betrachtung und Bewertung des Prozessmanagements.

Der Einstieg in die institiutionenökonomische Betrachtung von Transaktionskosten erfolgt im zweiten Kapitel. Mit den Markt-, Unternehmens- und Politischen Transaktionskosten werden die wesentlichen Formen von Transaktionskosten betrachtet und die Einflussfaktoren auf die Höhe von Transaktionskosten herausgearbeitet.

Das dritte Kapitel greift die Transaktionskostentheorie nach Oliver E. Williamson auf. Als Treiber für Transaktionskosten werden die Dimensionen von Transaktionen, die zugrunde liegenden Verhaltensannahmen und die Möglichkeiten zur Kontrolle von Übergängen der Verfügungsrechte durch Transaktionen näher betrachtet.

Aufsatzpunkte für ein erfolgreiches Prozessmanagement werden im zweiten Teil der Arbeit (Kapitel 4 bis Kapitel 9) herausgearbeitet. Prozessmanagement wird als ganzheitlicher Ansatz vorgestellt, der eine veränderte Sicht auf Prozesse, Strukturen und das Verhältnis eines Unternehmens zu seinen internen und externen Kunden erfordert.

Im vierten Kapitel werden hierzu die Kriterien für den Übergang von einer rein aufbauorganisatorischen zu einer prozessorientierten Sichtweise auf Abläufe innerhalb von Unternehmen betrachtet.

Der Einfluss des Prozessmanagements auf die Produkt-, Prozess- und Systemqualität und deren institutionenökonomische Bedeutung wird im fünften Kapitel dargestellt.

Prozesse können durch die Determinanten Zeit, Kosten, Quantität und Qualität bewerten werden. Im sechsten Kapitel werden die Determinanten skizziert und im siebten Kapitel mit Prozesskennzahlen und der Prozesskostenrechnung zwei Instrumente zur Bewertung von Prozessen vorgestellt.

Der Unternehmensleitung kommt beim Prozessmanagement eine wesentliche Bedeutung zu. Die Aufgaben und Rollen der Unternehmensleitung bei der Implementierung eines Prozessmanagements und der Bezug zur Unternehmensstrategie werden im achten Kapitel betrachtet.

Qualität von Produkten und Prozessen wird durch den Kunden und seine Kaufentscheidung beurteilt. Kundenbefragungen, als ein geeignetes Instrument die Erwartungen der Kunden und ihre Zufriedenheit zu ermitteln, werden im neunten Kapitel betrachtet.

Das zehnte Kapitel fasst die Ergebnisse der Arbeit abschließend zusammen.

2. Transaktionskosten in der Institutionenökonomie

Die Kernaufgabe einer Unternehmung ist die Herstellung von Produkten oder Dienstleistungen. Diese können real greifbar und haptisch sein (Produkte) oder aber erlebbar (Dienstleistungen). In einem Punkt sind die Unternehmen vergleichbar: jede Transaktion innerhalb des Unternehmens und im Kontakt mit seinem Kunden führt zu Kosten. Die Institutionenökonomie widmet sich der Betrachtung dieser Kosten. Die Schaffung von Institutionen und Organisationen und Organisationsstrukturen und deren tägliche Nutzung erfordern den Einsatz realer Ressourcen.[1] Die Bereitstellung dieser Ressourcen geht mit Kosten für die Organisation einher – man spricht von Transaktionskosten.

Diese Kosten zu betrachten und sie durch die Analyse der Koordinationsformen zu senken, ist Gegenstand des Transaktionskostenansatzes.[2] Unterschieden werden können Transaktionskosten nach Such- und Informationskosten, Verhandlungs- und Entscheidungskosten, sowie Überwachungs- und Durchsetzungskosten. Der Fokus der Transaktionskostentheorie ist die Auswirkung dieser Kosten auf die Gestaltung von Verträgen.[3]

2.1 Perspektiven von Transaktionskosten

Transaktionskosten resultieren aus dem Einsatz realer Ressourcen in Unternehmen und Institutionen. Dies spiegelt die Kosten eines aktuellen Produktions- und Verteilungsprozesses wider.[4] Die Transaktionskostentheorie fasst den Begriff der Transaktionskosten weiter. Sie berücksichtigt neben den laufenden Kosten auch die Kosten für die Einrichtung, die Erhaltung, die Benutzung und die Anpassung oder Veränderung des Systems oder der Unternehmung.[5]

Bezogen auf die jeweilige Betrachtungsperspektive sprechen Richter und Furubotn von[6]:

---

1   Vgl. Richter, R.; Furubotn, E. (1999), S. 33.
2   Vgl. Schmalen (2002), S. 550.
3   Vgl. Richter, R.; Furubotn, E. (1999), S. 35.
4   Vgl. Picot, A. et al. (2012), S. 70.
5   Vgl. Richter, R.; Furubotn, E. (1999), S. 49.
6   Vgl. Richter, R.; Furubotn, E. (1999), S. 49 ff.

1. **Markttransaktionskosten**
   Kosten für die Marktbenutzung.
2. **Unternehmenstransaktionskosten**
   Kosten für die Ausübung des Rechts auf Erteilung von Anordnungen innerhalb eines Unternehmens.
3. **Politischen Transaktionskosten**
   Kosten durch die Benutzung und/oder Veränderung des institutionellen Rahmens des Gemeinwesen.

Die drei Perspektiven der Transaktionskosten lassen sich jeweils in zwei Varianten unterscheiden:

   a. **„fixe"** Transaktionskosten: spezifische Investitionen im Zuge der Einrichtung von Institutionen
   b. **„variable"** Transaktionskosten: Kosten, die von Anzahl und Umfang der Transaktion abhängig sind.

2.1.1 Markttransaktionskosten

Kein Marktteilnehmer verfügt über alle erforderlichen Informationen, die erforderlich sind, um die denkbar beste Entscheidung treffen zu können. Märkte sind geprägt von Informationsasymmetrien, dass heißt es gibt Sachverhalte die nicht für alle Marktteilnehmer beobachtbar oder erkennbar sind.[7]

Informationsasymmetrien lassen sich klassifizieren nach[8]:

- **Verhaltensunsicherheit (verborgene Handlungen):**
  Die vorliegende Informationsasymmetrie bezieht sich auf das Verhalten der beteiligten Akteure. Die Aktionen eines Akteurs bleiben für den Anderen verborgen und nicht erkenn- oder beobachtbar. Man spricht in diesem Zusammenhang auch von Hidden Action oder Moral Hazard-Verhalten.[9] In der Versicherungsliteratur wird mit dem Begriff Moral Hazard im Allgemeinen die Änderung des versicherungsrelevanten Verhaltens aufgrund des Bestehens eines Versicherungsvertrags bezeichnet.[10] Das Auftreten von Moral Hazard-Verhalten lässt sich nicht nur auf soziale, also institutional bereitgestellte Systeme begren-

---

[7] Vgl. Neus, W. (2011), S. 96.
[8] Vgl. Neus, W. (2011), S. 101 ff.
[9] Vgl. Speckbacher, G.; Neumann, K. (2010), S. 105.
[10] Vgl. Ullrich, C. (1994), S. 6.

zen, sondern findet sich in allen kollektiven Sicherungssystemen wieder.[11]

- **Qualitätsunsicherheit (verborgene Charakteristika)**
  Entscheidungs- oder erfolgsrelevante Charakteristika sind nur einigen der kooperierenden Individuen bekannt. Bestimmte Qualitätsmerkmale sind für einen der Akteure nicht erkenn- oder feststellbar, somit unterliegt er einem ungleichen Informationsstand über das entsprechende Gut. Müssen die kooperierenden Individuen davon ausgehen, dass nur Güter von minderer Qualität angeboten werden, spricht man von Adverser Selektion.

- **Ergebnisunsicherheit**
  Ergebnisunsicherheit liegt vor, wenn das zu verteilende Kooperationsergebnis für eine Seite ohne weiteres beobachtbar ist, und der andere Akteur das Risiko einer Unterschlagung des Erfolgs eingehen muss.

Um die oben beschriebenen Informationsasymmetrien aufzuheben, müssen die Marktakteure Informationen beschaffen. Die Beschaffung, Aufbereitung und Verarbeitung von Informationen ist für die beteiligten Akteure mit Kosten verbunden.[12]

Diese Such- und Informationskostenentstehen immer dann, wenn Marktteilnehmer Aufwendungen für den Marktzugang (Marketing, Werbung, Marktzutrittsgebühren, u.a.), die Beschaffung von Informationen (Preisauskünfte, Qualitätskontrollen, u.a.) oder in Dienstleistungsorganisationen die Einstellung von qualifizierten Mitarbeiterinnen und Mitarbeitern haben. Auf diese Kosten verzichten die meisten Marktteilnehmer nicht, da Such- und Informationskosten den Akteuren helfen kostspielige Fehler zu vermeiden.[13]

Müssen sich verschiedene Kooperationspartner über die Ausgestaltung der Kooperation einigen, erfolgt dies meist durch schriftlich abzufassende Verträge.[14] Die Kosten, die mit dem Verhandeln der Vertragsinhalte und dem anschließende Aufsetzen des Vertrags einhergehen, werden als Verhandlungs- und Entscheidungskosten bezeichnet. Sie sind abhängig von der Komplexität der Kooperation und des

---

[11] Vgl. Schreyögg, J. (2002), S. 2.
[12] Vgl. Neus, W. (2011), S. 97.
[13] Vgl. Richter, R.; Furubotn, E. (1999), S. 52.
[14] Vgl. Neus, W. (2011), S. 97.

aufzusetzenden Vertrags. Kosten für in Anspruch genommene Berater, die bei der Entscheidungsfindung unterstützen, werden den Entscheidungskosten zugerechnet. Zur Vermeidung von ineffizienten Ergebnissen der Kooperation, durch die oben beschriebenen Informationsasymmetrien, stellen die Verhandlungs- und Entscheidungskosten einen relevanten Kostenblock in der Anbahnung der Kooperation dar.[15]

Zur Sicherstellung des Erfolgs der Kooperation wenden die Akteure Überwachungs- und Durchsetzungskosten auf. Keiner der Akteure kann ohne weiteres davon ausgehen, dass die getroffenen Aspekte der Kooperation eingehalten werden. Die Kosten entstehen aus der Notwendigkeit vereinbarter Lieferfristen, vereinbarte Qualitätskriterien, etc. zu überwachen.[16] Die Inhalte des Vertrags werden durch die Akteure nur dann eingehalten werden, wenn die Vertragserfüllung vorteilhaft gegenüber der Nichterfüllung erscheint. Zur Sicherstellung der Vertragserfüllung sind die Verträge mit Sanktionen bei Nichterfüllung zu versehen. Sowohl durch die Vereinbarung der Sanktionen, wie auch durch die Verhängung der Sanktionen entstehen den Akteuren Kosten.[17]

2.1.2 Unternehmenstransaktionskosten

Nach Eintritt in den Markt steht die Aufrechterhaltung der Unternehmung an vorderster Stelle. Ähnlich wie beim Markteintritt gehen auch mit der Aufrechterhaltung des Betriebs Kosten einher.

Die Unternehmenstransaktionskosten lassen sich in zwei Kostenblöcke gliedern[18]:

a. **Kosten der Einrichtung, der Erhaltung oder der Änderung der Organisationsstruktur**
   Die Kosten entstehen durch die unternehmerischen Querschnittsfunktionen im Unternehmen, wie Personal, Informationsverarbeitung, Finanzen und der Presse- und Öffentlichkeitsarbeit. Die Kosten werden den fixen Transaktionskosten zugerechnet.

---

[15] Vgl. Richter, R.; Furubotn, E. (1999), S. 52.
[16] Vgl. Richter, R.; Furubotn, E. (1999), S. 52.
[17] Vgl. Neus, W. (2011), S. 98.
[18] Vgl. Richter, R.; Furubotn, E. (1999), S. 53 ff.

b. Kosten des Betriebs der Organisation

Die Kosten des Betriebs der Organisation resultieren aus der originären betrieblichen Leistungserbringung. Sie berücksichtigen die Kosten für die Bereitstellung der erforderlichen Infrastruktur, sowie die Kosten für das Controlling der Leistungsprozesse und der Geschäftsführung (Management) der Unternehmung. Darüber hinaus werden den Kosten des Betriebs die Rüstzeit-, Leerzeit- und Transportkosten innerhalb des Unternehmens zugerechnet, die „aus der Übertragung eines Gutes oder einer Leistung über eine [...] trennbare Schnittstelle" resultieren.[19]

Es wird unterschieden in:

- Logistische Transaktionen: Bestellung, Ausführung und Bestätigung der Bewegung von Rohstoffen.
- Ausgleichstransaktionen: Sicherstellung, dass die Bestände an Werkstoffen und das Angebot von Arbeit und Produktionskapazität der Nachfrage entsprechen.
- Qualitätstransaktionen: Qualitätskontrolle, Produktionsplanung und -überwachung, Beschaffung und Aufbereitung relevanter Daten
- Veränderungskosten: Aktualisierung vorhandener Fertigungssysteme

Die Kosten werden den variablen Transaktionskosten zugerechnet.

2.1.3 Politische Transaktionskosten

Die Bereitstellung einer marktwirtschaftlichen Ordnung bedarf institutioneller Rahmenbedingungen. Die Bereitstellung einer solchen Ordnung geht mit Kosten einher, die als politische Transaktionskosten bezeichnet werden.[20]

Die Klassifizierung der Unternehmenstransaktionskosten nach den Kosten der Einrichtung, der Erhaltung und der Veränderung der Organisation und den Kosten des Betriebs der Organisation lassen sich

---

[19] Williamson, O. E. (1990), S. 1.
[20] Richter, R.; Furubotn, E. (1999), S. 54.

auch auf den institutionellen Rahmen eines politischen Ordnungssystems übertragen:

a. Kosten der Einrichtung, der Erhaltung und der Veränderung der formalen und informellen politischen Ordnung eines Systems

Dazu gehören die Kosten der Schaffung einer Rechtsordnung, der öffentlichen Verwaltung, des Militärs, des Erziehungs- und Bildungswesens, der Gerichtsbarkeit und der sozialen Sicherung.

b. Kosten des Betriebs des Gemeinwesen

Analog zu den Unternehmenstransaktionskosten beinhalten die Kosten des Betriebs des Gemeinwesens die Kosten, die aus der Tätigkeit des Staates zur Durchsetzung des institutionellen Rahmens resultieren. Sie berücksichtigen u.a. die laufenden Ausgaben für die Gesetzgebung, die Landesverteidigung, Verkehr, Bildung und soziale Sicherung.

2.2 Property-Rights-Theorie

Die Transaktionskostentheorie erklärt aus Sicht von Williamson die Probleme ökonomischer Organisationen als Vertragsproblem. Zur Erledigung einer Aufgabe ist die Übergabe eines mit Verfügungsrechten belegten Gutes erforderlich.[21] Nach Picot sind „Verfügungsrechte die an einem materiellen oder immateriellen Wirtschaftsgut ausübbaren Rechte und Pflichten"[22]. Für den Begriff Verfügungsrechte werden synonym die Begriffe Property Rights oder Eigentumsrechte verwendet.[23]

Der Wert eines Gutes richtet sich nicht nur nach dessen physikalischen Eigenschaften, sondern wird in erster Linie durch die ausübbaren Handlungs- und Verfügungsrechte bestimmt.[24]

Im Rahmen der Property-Rights-Theorie werden vier Rechte mit einem Gut in Verbindung gebracht[25]:

---

[21] Vgl. Williamson, O. E. (1990), S. 23.
[22] Picot, A. et al. (2012), S. 22.
[23] Vgl. Neus, W. (2011), S. 114.
[24] Vgl. Picot, A. et al. (2012), S. 58.
[25] Vgl. Picot, A. et al. (2012), S. 57.

1. **Recht zum Gebrauch**

   Beinhaltet das Recht, das Gut zu nutzen (usus).

2. **Recht zur Veränderung**

   Beinhaltet das Recht das Gut hinsichtlich Form und Substanz zu verändern (abusus).

3. **Recht zur Aneignung von Erträgen**

   Beinhaltet das Recht, sich entstandene Gewinne anzueignen, bzw. die Pflicht entstandene Verluste zu tragen (usus fructus).

4. **Recht zum Verkauf**

   Beinhaltet das Recht, das Gut zu veräußern und den Liquidationserlös einzunehmen.

Die Differenzierung der Verfügungsrechte stellt den Gedanken in den Vordergrund, dass Güter nicht an sich einen Nutzen stiften, sondern der Nutzen am Besitz eines Gutes erst aus den damit verbundenen Verfügungsrechten (property rigths) resultiert.[26] Bei der Verwendung des Begriffes Eigentum wird häufig unterstellt, dass sich die Verfügungsrechte gänzlich in der Hand des Eigentümers befinden.[27] In der Realität ist vielfach eine Trennung der Verfügungsrechte auf verschiedene Anteilseigner oder der Entzug von Rechten für bestimmte Anteilseigner feststellbar.[28] In diesen Fällen sind die Verfügungsrechte eingeschränkt – es wird von einer Verdünnung der Verfügungsrechte gesprochen.[29] Jede Verdünnung der Verfügungsrechte verändert den Nutzen und den Wert des Gutes. Resultiert aus der Veränderung der Rechte eine Nutzenmehrung, wird von positiven externen Effekten gesprochen, wird der Nutzen gemindert, spricht man von negativen externen Effekten.[30] Negative externe Effekte liegen dann vor, wenn die insgesamt entstehenden sozialen Kosten höher sind als die privaten Kosten des Handelnden. Ein Beispiel hierfür sind Umweltschäden durch Emissionen produzierender Unternehmen. Die Unternehmen preisen in ihren Absatzpreisen die Produktions- und Distributionskosten ein, nicht jedoch die Kosten der Umweltschäden, die durch die Emissionen entstehen. Die Umweltschä-

---

[26] Vgl. Neus, W. (2011), S. 114.
[27] Vgl. Speckbacher, G.; Neumann, K. (2010), S. 105.
[28] Vgl. Neus, W. (2011), S. 114.
[29] Vgl. Picot, A. et al. (2012), S. 58.
[30] Vgl. Picot, A. et al. (2012), S. 59.

den werden durch die Allgemeinheit getragen und es entstehen Wohlfahrtsminderungen, da private Gewinne auf Kosten der Allgemeinheit erwirtschaften werden. Übersteigt der soziale Nutzen den privaten Nutzen des Unternehmens, wird von positiven externen Effekten gesprochen.

Der wesentliche Wert der Verfügungsrechte wird durch deren Exklusivität und Veräußerbarkeit bestimmt.[31] Verfügungsrechte sind dann exklusiv, wenn sie ausschließlich einzelnen Individuen oder mehreren Individuen zu gleichen Teilen zugeordnet sind - sind diese nicht exklusiv zugewiesen, sind externe Effekte zu berücksichtigen.[32] Die Veräußerbarkeit von Verfügungsrechten sichert den Wert des Gutes und stellt die Abgrenzung zum rein physikalischen Wert dar.[33] Gesamtwirtschaftlich betrachtet, führt die Veräußerbarkeit zu einer effizienzfördernden Wirkung, da durch sie langfristige Anreize geschaffen werden den Wert eines Gutes zu erhalten.[34]

Die Property-Rights-Theorie verdeutlicht die enge Verknüpfung von ökonomischen und rechtlichen Fragestellungen. „Veränderungen des Rechtssystems haben wirtschaftliche Auswirkungen und müssen deshalb auch ökonomisch beurteilt werden".[35] Vollständige Property-Rights-Verteilungen treten nur in Systemen ohne Transaktionskosten auf.[36]

2.3 Zwischenergebnis

Die Schaffung von Institutionen, Organisationen und Organisationsstrukturen und deren tägliche Nutzung erfordern den Einsatz realer Ressourcen. Die Bereitstellung dieser Ressourcen geht mit Kosten für die Organisation einher – man spricht von Transaktionskosten. Transaktionskosten werden unterschieden in Markt-, Unternehmens- und Politische Transaktionskosten. Markttransaktionskosten berücksichtigen durch Such- und Informations-, die Verhandlungs- und Entscheidungs- und die Überwachungs- und Durchsetzungskosten die Kosten für die Marktnutzung. Die Kosten der Einrichtung, der Erhaltung, der Änderung und des Betriebs der Organisation werden

---

[31] Vgl. Neus, W. (2011), S. 116.
[32] Vgl. Neus, W. (2011), S. 116.
[33] Vgl. Speckbacher, G.; Neumann, K. (2010), S. 105.
[34] Vgl. Neus, W. (2011), S. 116.
[35] Picot, A. et al. (2012), S. 58.
[36] Vgl. Picot, A. et al. (2012), S. 60.

den Unternehmenstransaktionskosten zugerechnet. Politische Transaktionskosten berücksichtigen die Kosten der Einrichtung, der Erhaltung und die Veränderung der formellen und informellen politischen Ordnung eines Systems, sowie die Kosten des Betriebs des Gemeinwesens. Transaktionskosten lassen sich jeweils in zwei Varianten unterscheiden, in fixe Transaktionskosten, als spezifische Investitionen im Zuge der Einrichtung von Institutionen und variable Transaktionskosten, als Kosten, die von Anzahl und Umfang der Transaktion abhängig sind.[37] Zur Erledigung einer Aufgabe ist die Übergabe eines mit Verfügungsrechten belegten Gutes erforderlich. Der Wert der Verfügungsrechte wird durch deren Exklusivität und Veräußerbarkeit bestimmt.[38]

---

[37] Vgl. Richter, R.; Furubotn, E. (1999), S. 49 ff.
[38] Vgl. Neus, W. (2011), S. 114 ff.

3. Transaktionskostenansatz nach Oliver E. Williamson

Transaktionskosten entstehen im Zusammenhang mit einer Transaktion und ihre Höhe resultiert aus der Art und Weise der gewählten Organisationsform und der Durchführung der wirtschaftlichen Tätigkeit.[39] Kenneth Arrow definiert Transaktionskosten daher als „Betriebskosten des Wirtschaftssystems".[40]

Williamson legt bei der Betrachtung der Transaktionskosten den Fokus auf die Gestaltung von Verträgen, die die Transaktion (Übergang der Verfügungsrechte) zwischen den Beteiligten regeln.[41]

Zielsetzung eines jeden Unternehmens ist die Erfüllung einer Aufgabe. Dies kann auf verschiedene Arten und durch verschiedene Organisationsformen erfolgen. Jede gewählte Form der Aufgabenerbringung führt durch die getroffenen Vorkehrungen zu Kosten.[42] Als Ausgangspunkt für die Betrachtung der idealen Organisationsform betrachtet Williamson die durchzuführende Transaktion und das einzurichtende Umfeld, damit die Transaktion reibungslos erbracht werden kann.

Hierzu führt Williamson aus: „Eine Transaktion findet statt, wenn ein Gut oder eine Leistung über eine technisch trennbare Schnittstelle hinweg übertragen wird. Eine Tätigkeitsphase wird beendet; eine andere beginnt."[43]

Transaktionskosten spiegeln die Kosten wider, die durch fehlende Harmonie der Tauschpartner (Vertragspartner) oder häufig auftretende Missverständnisse und Konflikte zu Verzögerungen, Zusammenbrüchen und anderen Fehlfunktionen führen.[44] Ziel der Transaktionskostentheorie sind Erklärungsansätze für den idealen Ressourceneinsatz bei Produktions- und Verteilungsprozessen und der Faktoreinsatz zur Aufrechterhaltung des institutionellen Umfelds, in dem die gesamte Wirtschaftstätigkeit stattfindet.[45] Die Transaktion (Übergabe) ist die Ausgangsbasis der Betrachtung und unterstellt

---

[39] Vgl. Richter, R.; Furubotn, E. (1999), S. 35.
[40] Arrow, K. (1969), S. 48.
[41] Vgl. Williamson, O. E. (1990), S. 30.
[42] Vgl. Williamson, O. E. (1979), S. 247.
[43] Williamson, O. E. (1990), S. 1.
[44] Vgl. Williamson, O. E. (1990), S. 1.
[45] Vgl. Richter, R.; Furubotn, E. (1999), S. 34.

eine hohe Relevanz der gewählten Organisationsform für Kosteneinsparungen im Produktions- und Verteilungsprozess.[46]

Williamson legt fünf Faktoren fest, aus denen Transaktionskosten und deren Einsparungsmöglichkeit resultieren[47]:

1. Die Qualität des zu erbringenden Gutes (bzw. der zu erbringenden Leistung) wird im Wesentlichen konstant gehalten. Einsparungen resultieren aus den entstehenden Produktions- und Transaktionskosten.
2. Die Gestaltung (Praktikabilität, Haptik) des gegenständlichen Gutes oder der Leistung ist eine Entscheidungsvariable, welche die Nachfrage beeinflusst.
3. Der soziale Zusammenhang, in den Transaktionen eingebettet sind (Sitten, Gebräuche, Gewohnheiten, usw.), ist relevant und muss daher berücksichtigt werden.
4. Der Wettbewerb liefert eine Auslese zwischen mehr und weniger effizienten Methoden und verlagert die Ressourcen zugunsten der effizienteren Methode.
5. Wann immer private und soziale Nutzen und Kosten voneinander abweichen, sollten die sozialen Kosten den Ausschlag geben, wenn Handlungsempfehlungen angestrebt werden.

3.1 Zeitliche Perspektiven von Transaktionskosten

In der Definition von Williamson erfolgt eine Transaktion durch die Übergabe eines Gutes über eine Schnittstelle hinweg. In den seltensten Fällen wird dies „reibungslos", also ohne Verzögerungen, Zusammenbrüchen oder Fehlfunktionen erfolgen. Verträge sollen Kooperationen und das Zusammenwirken der beiden Vertragspartner regulieren und reglementieren, um den optimalen Ressourceneinsatz für beide Seiten zu ermöglichen.[48] Williamson unterscheidet die entstehenden Transaktionskosten daher nach den entstehenden Kosten vor und nach dem Vertragsschluss.

---

[46] Vgl. Williamson, O. E. (1990), S. 20.
[47] Vgl. Williamson, O. E. (1990), S. 25.
[48] Vgl. Williamson, O. E. (1990), S. 1 f.

Die Kosten vor dem Vertragsschluss werden als ex-ante-Transaktionskosten, die Kosten nach dem Vertragsschluss werden als ex-post-Transaktionskosten bezeichnet.[49]

3.1.1 Ex-ante-Transaktionskosten

Ex-ante-Transaktionskosten beinhalten die Kosten, die bei Entwurf und Verhandlung der Kooperation für die beteiligten Akteure auflaufen.[50] Als größter Kostenblock sind hierbei die Such- und Informationskosten zu berücksichtigen. Ebenfalls zu den ex-ante-Kosten zählen die Verhandlungs- und Entscheidungskosten.

Die Suchkosten beinhalten dabei alle auflaufenden Kosten für die Suche der Kooperationspartner. Dies sind auf der einen Seite die unmittelbaren Vertragspartner mit denen eine Kooperation eingegangen werden soll. Auf der anderen Seite können diese Geschäftspartner sein, die bei der Umsetzung der Kooperation beteiligt sind. Anzuführen sind hier bspw. ein erforderlicher juristischer (anwaltlicher oder notarieller) Beistand oder Banken und Finanziers.[51] Die Suche sowohl nach den unmittelbaren Kooperationspartnern, wie auch nach anderen Partnern, die an der Kooperation nur mittelbar beteiligt sind, geht für die Unternehmen mit Kosten einher.

Ein weiterer Aspekt der Informationskosten sind die Kosten zur Beschaffung von Informationen, um für das Unternehmen eine transparente Betrachtung des Umfeldes und der Rahmenbedingungen zu ermöglichen. Im Rahmen der Kooperation verfügen die Akteure über unterschiedliche Informationsstände. Seitens der Akteure ist nicht auszuschließen, dass Informationen nur selektiv durch den anderen Akteur weitergegeben werden. Diese Informationsasymmetrie weitestgehend aufzulösen geht für alle beteiligten Akteure mit Kosten einher.[52]

Die Höhe der Verhandlungs- und Entscheidungskosten resultieren unmittelbar aus der Komplexität der Kooperation und dem Versuch Informationsasymmetrien vertraglich auszuschließen bzw. zu sanktionieren. Gerade komplexe Kooperationen werden durch juristisch komplizierte Verträge geregelt, die in ihrer Erstellung und Verhand-

---

[49] Vgl. Williamson, O. E. (1990), S. 325.
[50] Vgl. Williamson, O. E. (1990), S. 325.
[51] Vgl. Richter, R.; Furubotn, E. (1999), S. 51 f.
[52] Vgl. Williamson, O. E. (1990), S. 92 f.

lung zeit- und kostenintensiver sind. Dies führt zu gesteigerten Verhandlungskosten der Kooperation. Die Entscheidungskosten beinhalten die Kosten der Aufbereitung von Informationen, die Entlohnung von Beratern (Juristen, Notare, Wirtschaftsprüfer, Beratungsgesellschaften, u.a.)und die Kosten der eigentlichen Entscheidungsfindung (innerhalb) der Kooperationspartner.[53]

Die ex-ante-Transaktionskosten hängen somit sowohl von der Gestaltung der zu erzeugenden Sach- oder Dienstleistung, wie auch von dem Markt- oder Wettbewerbsumfeld ab.[54]

3.1.2 Ex-post-Transaktionskosten

Die ex-post-Transaktionskosten setzen nach dem erfolgreichen Vertragsschluss der Kooperationsakteure ein. Sie berücksichtigen[55]:

- die Kosten zur Errichtung und des Betriebs der der Kontrollsysteme, die die Kooperation überwachen und Sanktionen aussprechen sollen,
- die durch Fehlanpassungen entstehenden Kosten, falls Vertragspartner entgegen des Vertrags handeln oder unzureichende Qualität liefern,
- die Kosten des „Feilschens" in Zusammenhang mit Anpassungen oder als Kompensation für nicht erfolgte Anpassungen und
- die Absicherungskosten zur Verwirklichung verlässlicher Zusagen.

Auch im Rahmen einer vertraglich festgelegten Kooperation müssen die beteiligten Akteure mit dem Opportunismus der übrigen Beteiligten rechnen. Keiner der Akteure kann ausschließen, dass die übrigen Akteure im Rahmen einseitigen Gewinnstrebens nicht entgegen des Kooperationsvertrags agieren und bspw. geringwertige Güter liefern. Somit werden beide Seiten Beherrschungs- und Überwachungssysteme einrichten, um sowohl das Einhalten des Vertrags, wie auch die vereinbarte Sach- und Dienstleistung zu überwachen.

Williamson unterscheidet den erforderlichen Grad der Beherrschungs- und Überwachungssysteme nach dem Grad der Standardisierung der Transaktionen.[56]

---

[53] Vgl. Richter, R.; Furubotn, E. (1999), S. 52.
[54] Vgl. Williamson, O. E. (1990), S. 325.
[55] Vgl. Williamson, O. E. (1990), S. 325.

Standardisierte Transaktionen (egal wie häufig sie anfallen) ermöglichen den Akteuren einfachere Vertragskonstrukte und erlauben den Akteuren ein schnelleres Umsteuern auf alternative Kauf- bzw. Liefervereinbarungen. Der Markt ist gerade bei standardisierten und nicht weiter spezifizierte Güter und Dienstleistungen ein geeignetes Beherrschungs- und Überwachungsinstrument.[57] Eine Wechselwirkung auf die Überwachungssysteme muss abhängig von der Produktspezifität und den Grad der Integration der zu beschaffenden Sache oder Dienstleistung im Einzelfall geprüft werden.

Je höher spezifiziert und je geringer standardisiert die Kooperation ist, desto größer ist das Interesse der Akteure Kooperation fortzuführen.[58] Auf der einen Seite wurden ggf. spezielle Investitionen durchgeführt und auf der anderen Seite haben die Akteure bereits zur Anbahnung der Kooperation und zur Beherrschung und Überwachung Kosten aufgewendet.[59] Diese Kosten sind für alle Akteure bei Aufkündigung der Kooperation verloren. Somit haben beide Seiten einen Anreiz, die Beziehung aufrecht zu erhalten und den Verlust wertvoller transaktionsspezifischer Einsparungen zu vermeiden. Die Akteure erhalten einen Gewinnstrom aus der Kooperation. Stellt eine Anpassung der Kooperation nur für einen Akteur eine Verbesserung dar, ist es nicht zu erwarten, dass die übrigen Akteure einer Anpassung der Kooperation zustimmen werden.[60]

Williamson bezeichnet den neuerlichen Diskussionsprozess zwischen den Akteuren als Feilschen. Der Abbruch der Geschäftsbeziehung kann für die Akteure zu einem (Teil-) Verlust der Investitionen führen. Je nach Komplexität der Kooperation werden daher die Parteien einer Anpassung eher zustimmen als dem Auflösen der Kooperation und damit dem Verlust der Investition.[61]

Sowohl die Anpassung der vereinbarten Sache oder Dienstleistung (Preis- oder Mengenanpassung) als auch die Anpassung der vertraglichen Grundlage geht für die Akteure mit neuerlichen Kosten einher, die in den ex-post-Transaktionskosten Berücksichtigung finden.

---

[56] Vgl. Williamson, O. E. (1990), S. 82.
[57] Vgl. Williamson, O. E. (1979), S. 259.
[58] Vgl. Williamson, O. E. (1979), S. 259.
[59] Vgl. Williamson, O. E. (1990), S. 84.
[60] Vgl. Williamson, O. E. (1990), S. 86.
[61] Vgl. Tirole, J. (1995), S. 57.

3.2 Verhaltensannahmen

Kooperationen werden durch Akteure eingegangen, um den beiderseitigen Nutzen zu mehren. Diese rein ökonomische Betrachtung ist allerdings nicht ausreichend, um die Vielschichtigkeit des unternehmerischen Handelns widerzuspiegeln. Ein wesentlicher Aspekt bei der Kooperation sind die Verhaltensmuster der beteiligten Akteure. Williamson unterscheidet bei der Betrachtung der Transaktionskosten zwei wesentliche Verhaltensweisen – die begrenzte Rationalität und den Opportunismus.

3.2.1 Begrenzte Rationalität

Williamson unterscheidet drei Formen der Rationalität[62]:

- Die Maximierung,
- die begrenzte Rationalität und
- die organische Rationalität.

Die größte Relevanz zur Erklärung menschlichen Verhaltens im Rahmen der Transaktionstheorie stellt die begrenzte Rationalität dar – nachfolgend wird hierauf der Schwerpunkt gelegt werden. Die Verhaltensannahmen Maximierung und organische Rationalität werden daher nicht näher betrachtet.

Die begrenzte Rationalität unterstellt den Akteuren, dass sie zwar den Willen haben rational zu handeln, dass sie jedoch nicht alle Informationen hierzu verfügbar haben.[63] Hinsichtlich der Verfügbarkeit der Informationen werden zwei Limitationen angesetzt. Zum einen wird unterstellt, dass der Mensch nur über eine begrenzte Fähigkeit zur Informationsverarbeitung verfügt. Auch wenn alle Informationen vorliegen, kann der Mensch sie als limitierender Faktor nicht alle bewerten und verarbeiten.[64] Der andere Aspekt der Limitation der handelnden Akteure liegt in der Problematik, dass sich eine Reihe von praktischen Fähigkeiten und Fertigkeiten nur eingeschränkt verbal beschreiben und vermitteln lassen.[65]

---

[62] Vgl. Williamson, O. E. (1990), S. 50 ff.
[63] Vgl. Picot, A. et al. (2012), S. 71.
[64] Vgl. Simon, H. (1978), S. 1.
[65] Vgl. Picot, A. et al. (2012), S. 72.

Ausgehend von dem Wissen, dass die Akteure nur einer begrenzten Rationalität unterliegen, kommt den Informations- und Suchkosten eine gesonderte Bedeutung zu. Eine detaillierte Untersuchung des Umfeldes erscheint unter der Annahme der begrenzten Rationalität unumgänglich, um den vorliegenden Informationsasymmetrien entgegenwirken zu können. Ergänzend ist hinzuzufügen, dass auch komplexe Vertragskonstrukte, mit den damit einhergehenden Verhandlungs- und Entscheidungskosten, immer unter dem Einfluss der begrenzten Rationalität der Akteure verbleiben.[66]

3.2.2 Opportunismus

Williamson definiert Opportunismus als „die Verfolgung von Eigeninteresse unter der Zuhilfenahme von List. Das schließt krassere Formen, wie Lügen, Stehlen und Betrügen ein, beschränkt sich aber keineswegs nur auf diese. Häufig bedient sich der Opportunismus raffinierterer Formen der Täuschung"[67].

Ein opportunistisch handelnder Akteur verfolgt das Konzept der eigenen Nutzenmaximierung. Er wird seine eigenen Interessen auch zum Nachteil anderer und unter Missachtung sozialer Normen und Werte verwirklichen.[68] Im Rahmen der Institutionenökonomie nach Williamson ist der Opportunismus jedoch davon abzugrenzen, dass Akteure ein aktives Interesse, jedoch ohne eigenen ökonomischen Nutzen, an einer Schädigung Dritter hätten. Die absprache- oder vertragswidrige Schädigung der Vertragspartner ist begründet im eigenen ökonomischen Vorteil.[69] Vielmehr nimmt Williamson an, dass „manche Menschen zeitweilig opportunistisch sind"[70].

Opportunistisches Verhalten führt in erster Linie zu Informationsasymmetrien zwischen den Vertragspartnern, durch „die unvollständige und verzerrte Weitergabe von Informationen, insbesondere [durch] vorsätzliche Versuche irrezuführen, zu verzerren, verbergen, verschleiern oder sonst wie zu verwirren".[71]

---

[66] Vgl. Williamson, O. E. (1990), S. 52.
[67] Williamson, O. E. (1990), S. 54.
[68] Vgl. Picot, A. et al. (2012), S. 72.
[69] Vgl. Neus, W. (2011), S. 116.
[70] Williamson, O. E. (1990), S. 73.
[71] Williamson, O. E. (1990), S. 54.

Opportunistisches Verhalten kann sowohl vor dem Vertragsschluss (ex ante), als auch nach dem Vertragsschluss (ex post) durch die Akteure auftreten.[72]

In seiner bekanntesten Form findet sich Opportunismus in Versicherungs- und Sozialversicherungssystemen, bekannt als Moral Hazard, wieder. Opportunistisches Verhalten findet sich hier sowohl ex ante durch das Verschleiern des wahren Gesundheitszustandes, um an günstigerer Prämien zu partizipieren, wie auch ex post durch die übermäßige Inanspruchnahme von Leistungen. Bezogen auf die Krankenversicherung wird davon ausgegangen, dass durch das Bestehen eines Krankenversicherungsvertrages mehr Gesundheitsleistungen in Anspruch genommen werden als zuvor. Diese gehen über den objektivierbaren Bedarf hinaus.[73]

Moral Hazard-Effekte werden in der klassischen modelltheoretischen Fassung von Pauly als Preiselastizität der Nachfrage verstanden. Pauly unterstellt: „dass ein rational Akteur, wenn er versichert ist, ceteris paribus mehr Leistungen entnehmen wird, als wenn er nicht versichert wäre, und dass die Inanspruchnahme proportional zum Deckungsgrad der Versicherung steigt bzw. in dem Maße sinkt, wie Selbstbehalte oder Selbstbeteiligungen wirksam werden"[74].

Ex-post-Opportunismus kann entgegen gewirkt werden, wenn in der ex-ante-Phase entsprechende Kontrollmechanismen eingebaut werden. Williamson unterstellt, dass „ein kluger Machthaber bemüht sein wird, glaubhafte Zusicherungen zu machen und zu erhalten, statt mit opportunistischem Verhalten zu reagieren"[75]. Die Annahme, dass Menschen situativ opportunistisch reagieren, führt letztlich zu Bemühungen opportunistisches Verhalten ex ante zu begrenzen und ex post ein anti-opportunistisches Verhalten abzusichern.[76]

Sämtliche Bemühungen opportunistisches Verhalten ex ante oder ex post auszugrenzen, wird zu gesteigerten Such- und Informationskosten und Überwachungs- und Durchsetzungskosten führen.

---

[72] Vgl. Williamson, O. E. (1990), S. 54.
[73] Vgl. Ullrich, C. (1994), S. 6.
[74] Pauly, M. (1968), S. 531–537.
[75] Williamson, O. E. (1990), S. 55.
[76] Vgl. Williamson, O. E. (1990), S. 73.

3.2.3 Risikoneutralität

Williamson führt als weitere Verhaltensannahme die Risikoneutralität an.[77] Die Risikoneutralität erlaubt eine Betrachtung der institutionellen Besonderheiten und Determinanten der Institutionenökonomie mit einem Fokus auf die Effizienz der Koordinationsform und blendet die Risikoscheue der Akteure aus.[78] Williamson unterstellt, dass die Akteure durch Diversifizierung das Risiko kontrollieren können und die Risikoscheue keine Auswirkungen auf die rationalen Entscheidungen hat. Durch geeignete Kontroll- und Überwachungsmechanismen können die Akteure zum anderen Systeme mit besonders guten Risikoaufteilungseigenschaften entwickeln und das Ausfallrisiko minimieren.[79]

3.2.4 Principal-Agent-Theorie

Die Principal-Agent-Theorie ist ein eng mit der Transaktionskostentheorie verwandter Ansatz. Während die Transaktionskostentheorie allgemeine Leistungsbeziehungen zwischen ökonomischen Akteuren betrachtet, charakterisiert die Pricipal-Agent-Theorie die spezifische Auftraggeber-Auftragnehmer-Beziehung.[80]

Die Verhaltensannahmen der begrenzten Rationalität und des Opportunismus finden sich in beiden Theorien wieder.[81]

Grundprinzip der Principal-Agent-Theorie sind zwei Wirtschaftssubjekte, einerseits der Auftraggeber (Prinzipal), andererseits sein Bevollmächtigter (Agent).[82] Der Prinzipal betraut den Agenten mit der Wahrnehmung seiner Interessen. Der Agent handelt im Auftrag des Prinzipals, allerdings in eigener Verantwortung.[83] Hierzu wird dem Agenten ein Entscheidungsspielraum durch den Prinzipal eingeräumt. Fraglich ist, ob die Ziele des Agenten und des Prinzipals konform sind oder Diskrepanzen vorliegen. Es kann unterstellt werden,

---

[77] Vgl. Williamson, O. E. (1990), S. 325.
[78] Vgl. Richter, R.; Furubotn, E. (1999), S. 146.
[79] Vgl. Williamson, O. E. (1990), S. 325.
[80] Vgl. Picot, A. et al. (2012), S. 89.
[81] Vgl. Picot, A. et al. (2012), S. 91.
[82] Vgl. Richter, R.; Furubotn, E. (1999), S. 52.
[83] Vgl. Hungenberg, H. (2000), S. 31.

dass der Agent teils eigene Interessen verfolgt, die entgegen denen des Prinzipals liegen.[84]

Als praktisches Beispiel einer Prinzipal-Agent-Beziehung soll das Behandlungsverhältnis eines Arztes und seines Patienten herangezogen werden. Im Behandlungsverhältnis zwischen Arzt und Patient beauftragt der Patient (Prinzipal) einen Arzt (Agent) mit seiner Behandlung. Grundsätzlich verfolgen beide Parteien mit der erfolgreichen Behandlung des Patienten das gleiche Ziel. Zweifelhaft ist, ob der Arzt nur die Interessen des Patienten, oder nicht auch eigene – vom Interesse des Patienten abweichende – Ziele verfolgt.[85] Entscheidenden Einfluss hat hier die anbieterinduzierte Nachfrage durch den Arzt. Der Patient kann nicht beurteilen, ob der Arzt mit seiner Leistung, anstelle des erwarteten Behandlungserfolges zusätzliches Einkommen generieren will und medizinisch nicht erforderliche Leistungen erbringt.

So ist der Patient zwar in der Lage die Handlungen des Arztes zu beobachten, nachvollziehen kann er sie aber nicht.[86] Dieser Effekt wird als Hidden Action bezeichnet und ist grundsätzlich dem Moral Hazard zuzuordnen. Arrow spricht hier von „Beurteilungsmängeln trotz Beobachtbarkeit"[87].

Ein weiterer Aspekt der Principal-Agent-Theorie ist die bestehende Informationsasymmetrie. Es ist dem Prinzipal nicht möglich, sämtliche Handlungen des Agenten zu überwachen. Dem Agenten wird dadurch ermöglicht, einen Informationsvorsprung zu erlangen – es entsteht eine asymmetrische Informationsverteilung.[88] Übertragen auf das Gesundheitswesen nehmen die Krankenversicherung die Rolle des Prinzipals und der Versicherte die Rolle des Agenten ein. Der Wissensvorsprung des Agenten liegt in dem Wissen über seine Erkrankungen und dem Wissen über in der Vergangenheit in Anspruch genommene medizinische Leistungen.[89] Der Prinzipal kann nicht erkennen, ob der Agent diese Information im Interesse des

---

[84] Vgl. Picot, A. et al. (2012), S. 91.
[85] Vgl. Amelung, V. E. (2007), S. 31.
[86] Vgl. Knüppel, D. (2004), S. 78.
[87] Arrow (1985), S. 35.
[88] Vgl. Knüppel, D. (2004), S. 77.
[89] Vgl. Knüppel, D. (2004), S. 80.

Prinzipals oder im eigenen Interesse nutzt. Die vorliegende Informationsasymmetrie wird als Hidden Information bezeichnet.[90]

3.3 Dimensionen von Transaktionen

Die Transaktionskostentheorie betrachtet die Übertragung von Gütern und Dienstleistungen und sucht nach der kostenoptimalen Koordinationsform für die jeweilige Transaktion. Da Transaktionen auf verschiedene Wege organisiert werden können, betrachtet Williamson „Faktoren, welche für Unterschiede zwischen den Transaktionen verantwortlich sind".[91]

Hierzu unterscheidet Williamson in[92]:

- Faktorspezifität,
- Unsicherheit und
- Häufigkeit.

Der Faktorspezifität misst Williamson die größte Bedeutung zu, da diese ex post die höhere Kostenwirkung auslösen kann.[93] Die drei Dimensionen sind für jede Art von Transaktion als Bewertungsmechanismus anwendbar.[94]

3.3.1 Faktorspezifität

Der Faktorspezifität kommt bei der Betrachtung der Transaktionskosten eine besondere Bedeutung zu. Die Faktorspezifität gibt an „inwieweit sich die Leistungsfähigkeit von Ressourcen (sowohl der übertragenen als auch der für die Übertragung erforderlichen) bei der betrachteten Transaktion und bei anderen Verwendungsmöglichkeiten unterscheidet"[95].

---

[90] Vgl. Richter, R.; Furubotn, E. (1999), S. 165.
[91] Williamson, O. E. (1990), S. 59.
[92] Vgl. Williamson, O. E. (1990), S. 59.
[93] Vgl. Richter, R.; Furubotn, E. (1999), S. 143.
[94] Williamson, O. E. (1979), S. 254.
[95] Neus, W. (2011), S. 138.

Williamson unterscheidet vier verschiedene Formen der Faktorspezifität:[96]

1. **Standortspezifität (site specifity)**

   Die Standortspezifität erklärt sich aus der Unbeweglichkeit einer Anlage, bzw. durch die hohen Einrichtungs- und/oder Verlagerungskosten einer Anlage mit aufeinanderfolgenden Produktionsstufen, die in unmittelbarer Nähe zur Anlage des Transaktionsbeteiligten errichtet werden soll. Sobald solche Anlagen einmal einen Standort gefunden haben, verharren die Transaktionsbeteiligten fortan auf Lebensdauer der Objekte in einer zweiseitigen Tauschbeziehung. Die Transaktionsbeteiligten entscheiden ex ante zur Reduktion von Transport- und Lagerkosten über einen Standort und sind fortan an den Standort und den Transaktionsbeteiligten gebunden.[97]

2. **Sachkapitalspezifität (physical asset specifity)**

   Einer der beiden Transaktionspartner tätigt Investitionen in Ausrüstung oder Maschinen, die speziell für die Transaktion konstruiert werden und bei alternativer Nutzung weniger Wert wären.[98] Probleme einer restriktiven Partnerbindung geben sich nicht, wenn bei der Trennung der Kooperation das Eigentum an dem spezifischen Sachkapital auf den Käufer übergeht oder es zurückgefordert werden kann.

3. **Humankapitalspezifität (human asset specifity)**

   Humankapitalspezifität resultiert aus dem Umstand, dass die Transaktionspartner in spezifische Mitarbeiterqualifikationen investieren. Die Qualifikationen ergeben sich aus dem „learning by doing". Die Investitionen in die Qualifikationen der eigenen Mitarbeiter sind gerade bei aufeinanderfolgenden Produktionsstufen einer Fremdvergabe vorzuziehen.

4. **Zweckgebundene Sachwerte (dedicated assets)**

   Zweckgebundene Sachwerte stellen Investitionen in die eigenen Anlagen dar, die nicht vorgenommen würden, wenn nicht die Aussicht bestünde, eine erhebliche Produktmenge an einen bestimmten Kunden zu verkaufen. Würde der Vertrag vorzeitig

---

[96] Williamson, O. E. (1990), S. 108 f.
[97] Vgl. Richter, R.; Furubotn, E. (1999), S. 143.
[98] Vgl. Richter, R.; Furubotn, E. (1999), S. 143.

gelöst, würde der Produzent mit erheblichen Überkapazitäten belastet.[99] Dieses Risiko kann durch eine vertraglich vereinbarte symmetrische Risikoaufteilung gemindert werden.

Die Faktorspezifität bezieht Williamson stets auf dauerhafte Investitionen zwischen bekannten Akteuren, die zur Stützung bestimmter Transaktionen vorgenommen werden.[100] Hierin unterscheidet Williamson die Transaktionskostentheorie von neoklassischen Transaktionen, bei denen „gesichtslose Käufer und Verkäufer [...] für einen Augenblick zusammentreffen, um standardisierte Güter zu Gleichgewichtspreisen zu tauschen".[101]

Daher spricht Williamson in diesem Zusammenhang von spezifischen Investitionen. Für die Entscheidung, eine Geschäftsbeziehung einzugehen ist das Ausmaß der spezifischen Investitionen relevant. Das heißt die Transaktionsbeteiligten werden den Nutzen der Transaktion über den Umfang bewerten, in dem sie speziell für die Transaktion Investitionen, bspw. in Ausbildung, Werkzeuge, auftragsbezogene Erweiterungsinvestitionen und die Errichtung von Spezialwerken, leisten müssen.[102]

Als weiterer Aspekt ist zu berücksichtigen, dass die Faktorspezifitäten mit einer Bindung von liquiden Mitteln verbunden sind, die nicht oder nur zu einem geringen Teil reversibel, also rückgängig gemacht werden können, sind. Die Investitionsausgaben führen zu irreversiblen Kosten (sunk costs), wenn die gebundenen Ressourcen nicht wieder freigesetzt werden können.[103]

Zur Reduktion des Risikos der Abhängigkeit von den Transaktionsbeteiligten und der irreversiblen Kosten entscheiden sich Unternehmen bei zunehmender Faktorspezifität für interne Organisationsformen.[104] Die Entscheidung zu Gunsten interner Organisationsformen ist jedoch von den Beherrschungs- und Überwachungskosten der internen Organisation abhängig. Gerade bei geringen oder im Zeitverlauf abnehmenden Faktorspezifitäten können Transaktionen

---

[99] Vgl. Richter, R.; Furubotn, E. (1999), S. 143.
[100] Vgl. Williamson, O. E. (1990), S. 63.
[101] Ben-Porath, Y. (1980), S. 4.
[102] Vgl. Schreyögg, G. (2008), S. 61.
[103] Vgl. Neus, W. (2011), S. 139.
[104] Vgl. Williamson, O. E. (1990), S. 102.

am Markt durch geringere Beherrschungs- und Überwachungskosten günstiger werden.[105]

Die oben beschriebenen Verhaltensweisen der begrenzten Rationalität und des Opportunismus sind bei der Entscheidung über spezifische Investitionen daher durch die Transaktionsbeteiligten besonders zu berücksichtigen, um das Risiko der irreversiblen Kosten zu minimieren.[106] Die Transaktionsbeteiligten stehen vor dem Problem, eine Balance zu finden zwischen der Durchführung einer wirtschaftlich lohnenden Transaktion auf der einen Seite und dem Autonomie- und Flexibilitätsbedarf auf der anderen Seite.[107]

3.3.2 Unsicherheit

Wie oben dargestellt beeinflusst die begrenzte Rationalität und/oder das opportunistische Verhalten der Akteure Transaktionen in hohem Maße. In den wenigsten Fällen wird ex ante eine detaillierte Vereinbarung über alle Modalitäten der Kooperation möglich sein. Die Unsicherheit ist daher als Maß für die Vorhersehbarkeit und die Anzahl der notwendigen Änderungen der Leistungsvereinbarungen während der Transaktion anzusehen.[108]

Williamson unterscheidet für eine genauere Betrachtung des Maßes der Unsicherheit in:

- **Parametrische Unsicherheit**

    Als parametrische Unsicherheit werden Unsicherheiten bezeichnet, die sich aus zufälligen Naturereignissen und unvorhersehbaren Veränderungen der Präferenzen der Verbraucher ergeben.[109]

- **Verhaltensunsicherheit**

    Die Verhaltensunsicherheit oder strategische Unsicherheit ist auf den Opportunismus der Akteure zurückzuführen. Die Akteure verschleiern, verschweigen oder verzerren bewusst und

---

[105] Vgl. Williamson, O. E. (1979), S. 259 f.
[106] Vgl. Williamson, O. E. (1990), S. 64.
[107] Vgl. Schreyögg, G. (2008), S. 306 f.
[108] Vgl. Schreyögg, G. (2008), S. 61 f.
[109] Vgl. Williamson, O. E. (1990), S. 65.

strategisch Information, übermitteln falsche oder irreführende Signale und schmieden gegeneinander Pläne.[110]

Bei steigender Faktorspezifität und spezifischen Investitionen steigt mit zunehmender Unsicherheit die Notwendigkeit Regularien und Mechanismen zur Kontrolle und Überwachung aufzusetzen. Mit der Festlegung und Einrichtung der Kontrollinstrumente steigen die Beherrschungs- und Überwachungskosten bei jeder Anpassung der vereinbarten Leistung, wie Qualität, Termine, Mengen, Budgets, Preise, etc.[111] Durch die Unsicherheiten entstehen ex post unvorhersehbar Verhaltensspielräume, die durch getroffene ex-ante-Vereinbarungen nicht allen nachträglich möglichen Entwicklungen Rechnung tragen können.[112]

3.3.3 Häufigkeit

Relevant für die Bereitschaft eine spezifische Investition zu tätigen, ist der wirtschaftliche Nutzen, der aus der Investition resultiert. Insbesondere die Investitionen in Sachwerte und Humankapital werden nur dann getätigt, wenn sich die Kosten amortisieren.[113]

Entscheidend hierfür sind die Häufigkeit der Transaktion und der daraus resultierende Auslastungsgrad. Je komplexer und häufiger eine Transaktion auftritt, desto eher eignet sie sich für Kooperationen. Einzelne oder selten auftretende Transaktionen werden daher in der Regel über den Markt abgebildet und nicht durch langfristige Kooperationen.[114]

Ein weiterer Aspekt ist das Erwirtschaften der Beherrschungs- und Überwachungskosten. Gerade bei spezifischen Kooperationen werden aufgrund der hohen Faktorspezifität dezidierte Beherrschungs- und Überwachungssysteme mit erheblichen Investitionen eingerichtet. Die Kosten spezifischer Überwachungssysteme werden bei großen Transaktionen, die sich wiederholen, leichter einzubringen sein.[115]

---

[110] Vgl. Williamson, O. E. (1990), S. 66.
[111] Vgl. Neus, W. (2011), S. 138.
[112] Vgl. Schreyögg, G. (2008), S. 62.
[113] Vgl. Neus, W. (2011), S. 137.
[114] Vgl. Williamson, O. E. (1990), S. 69.
[115] Vgl. Williamson, O. E. (1990), S. 69.

Aus diesen Gründen bewertet Williamson die Transaktionshäufigkeit als relevantes Kriterium für die Höhe von Transaktionskosten.

3.4 Fundamentale Transformation

Ausgehend von einer hohen Faktorspezifität und spezifischen Investitionen werden im Verlauf der Transaktion enge Verbindungen zwischen den Transaktionspartnern eingegangen. Neben den spezifischen Investitionen in spezialisiertes Sachvermögen erfolgen auch, teils gegenseitige, Investitionen in das Humankapital. Alle Beteiligten profitieren von den Transaktionen, solange die Vertragsbeziehung aufrecht erhalten wird.[116] Es erfolgt eine Umwandlung einer zu bzw. vor Vertragsbeginn (ex ante) unspezifischen in eine mit zunehmender Vertragslaufzeit (ex post) spezifischen Leistungsbeziehung.[117] Williamson spricht hierbei von einer fundamentalen Transformation.

Als Vorteil der fundamentalen Transformation ist die zunehmende Vertrauensbasis zwischen den Akteuren zu sehen. Die enge Zusammenarbeit und Vertrauensbasis mindert die Kommunikations- und Abstimmungskosten zwischen den Beteiligten und führt zu weiteren Einsparmöglichkeiten, die zu Beginn nicht eingepreist werden können. Unterstellt man ein „anständiges Verhalten" der Beteiligten, kann aufgrund der geschaffenen Vertrauensbasis von geringeren opportunistischen Verhaltensweisen ausgegangen werden.[118]

Allerdings kann die fundamentale Transformation auch opportunistisches Verhalten steigern. Obwohl die Akteure ein langfristiges Interesse an der Durchführung der Kooperation und der daraus resultierenden Gewinnmaximierung haben, wird jeder Akteur bei der Anpassung der Verträge die Gelegenheit der eigenen Gewinnmaximierung nutzen.[119] So ist es nicht auszuschließen, dass bspw. ein unentbehrlich gewordener Akteur höhere Preise zu Lasten der anderen Akteure durchsetzen will.[120]

---

[116] Vgl. Williamson, O. E. (1990), S. 71.
[117] Vgl. Schreyögg, G. (2008), S. 60 f.
[118] Vgl. Williamson, O. E. (1990), S. 71.
[119] Vgl. Williamson, O. E. (1990), S. 72.
[120] Vgl. Schreyögg, G. (2008), S. 61 f.

3.5 Zwischenergebnis

Oliver E. Williamson legt bei der Betrachtung der Transaktionskosten den Fokus auf die Gestaltung von Verträgen, die die Transaktion zwischen den Beteiligten regeln. Zur Erledigung einer Aufgabe ist die Übergabe eines mit Verfügungsrechten belegten Gutes, über eine technisch trennbare Schnittstelle, erforderlich.[121]

Die Kosten vor dem Vertragsschluss werden als ex-ante-Transaktionskosten, die Kosten nach dem Vertragsschluss werden als ex-post-Transaktionskosten bezeichnet.[122]

Williamson unterscheidet bei der Betrachtung der Transaktionskosten zwei wesentliche Verhaltensweisen – die begrenzte Rationalität und den Opportunismus. Die begrenzte Rationalität unterstellt den Akteuren, dass sie zwar den Willen haben rational zu handeln, dass sie jedoch nicht alle Informationen hierzu verfügbar haben. Ein opportunistisch handelnder Akteur verfolgt das Konzept der eigenen Nutzenmaximierung zu Lasten Anderer.[123]

Die Faktorspezifität, die Unsicherheit und die Häufigkeit der Transaktion führen zu Unterschieden bei der Durchführung von Transaktionen und beeinflussen die Transaktionskosten. Die Faktorspezifität gibt an, inwieweit sich die Leistungsfähigkeit von Ressourcen unterscheidet. Die Unsicherheit ist als Maß für die Vorhersehbarkeit und die Anzahl der notwendigen Änderungen der Leistungsvereinbarungen während der Transaktion anzusehen.[124]

Je komplexer und häufiger eine Transaktion auftritt, desto eher eignet sie sich für Kooperationen. Alle Beteiligten profitieren von den Transaktionen solange die gegenseitige Vertragsbeziehung aufrecht erhalten wird. Die Umwandlung einer zu bzw. vor Vertragsbeginn (ex ante) unspezifischen in eine mit zunehmender Vertragslaufzeit (ex post) spezifischen Leistungsbeziehung bezeichnet Williamson als fundamentale Transformation.[125]

---

[121] Vgl. Williamson, O. E. (1990), S. 1.
[122] Vgl. Williamson, O. E. (1990), S. 325.
[123] Vgl. Williamson, O. E. (1990), S. 50 ff.
[124] Vgl. Williamson, O. E. (1990), S. 59.
[125] Vgl. Williamson, O. E. (1990), S. 71.

4. Prozessmanagement durch prozessorientierte Aufbaustrukturen

In der frühen betriebswirtschaftlichen Organisationslehre wurde die Betrachtung von unternehmerischen Problemstellungen in zwei Dimensionen aufgeteilt. Betrachtet werden die Aufbau- und die Ablauforganisation, also Strukturen und Prozesse. Durch diese Trennung sollten Fragestellungen der organisatorischen Strukturierung eines Unternehmens strukturierter aufgearbeitet werden können. Die Aufbauorganisation soll hierbei die Abteilungs- und Stellengliederung, sowie das Instanzengefüge regeln, die Ablauforganisation hingegen die räumliche und zeitliche Rhythmisierung und Abstimmung der Arbeitsgänge betrachten.[126] Diese Trennung in Aufbau- und Ablauforganisation wird zusehends zu Gunsten einer integrierten Prozesssicht über das gesamte Unternehmen verworfen, da eine isolierte Optimierung eines Themengebietes nicht vorstellbar ist.[127]

Prozessmanagement ist vielmehr als ein auf Dauer eingerichtetes Konzept anzusehen, um eine effektive und effiziente Prozessorganisation über das gesamte Unternehmen gewährleisten zu können.[128] Die Rahmenbedingungen eines ganzheitlichen Prozessmanagements werden in diesem Kapitel behandelt und Rückschlüsse zur Transaktionskostentheorie von Williamson und zur Institutionenökonomie getroffen.

In den nachfolgenden Ausführungen wird der Begriff Prozess als Synonym für Kerngeschäftsprozesse oder im Englischem business process verwendet.

4.1 Von der Aufbauorganisation zur Prozessorganisation

Ein jedes Unternehmen verfolgt ein für sich definiertes Unternehmensziel. Unternehmensziele beziehen sich auf das Unternehmen als Ganzes. Das Unternehmensziel umfasst die obersten Ziele des Unternehmens, auf die sämtliche unternehmerischen Tätigkeiten auszurichten sind.[129] Die Organisation eines Unternehmens muss sich ziel-

---

[126] Vgl. Kosiol, E. (1976), S. 32.
[127] Vgl. Schreyögg, G. (2008), S. 99.
[128] Vgl. Fischermanns, G. (2012), S. 26.
[129] Vgl. Thommen, J.-P.; Achleitner, A.-K. (2009), S. 124.

gerichtet auf die Erfüllung dieser übergeordneten Ziele orientieren.[130]

Über eine Aufgabensynthese wird aus dem Unternehmensziel die Gesamtaufgabe des Unternehmens abgeleitet. Die Gesamtaufgabe beinhaltet alle Teilaufgaben, die zur Erreichung des übergeordneten Unternehmensziels erforderlich sind. Aufgaben sind dabei als „dauerhaft wirksame Aufforderungen, etwas Bestimmtes zu tun", zu verstehen.[131] Die Aufgaben sind nur vollständig beschrieben, wenn Objekt (woran) und Verrichtung (was) genannt werden.[132]

Ziel einer leistungsfähigen Prozessorganisation ist es, nicht die einzelne Aufgabe in einer klassisch funktional gegliederten Unternehmung zu betrachten, sondern Aufgaben ganzheitlich in Form von Prozessen zu modellieren.[133]

Als Prozess ist hierbei „eine Struktur [zu verstehen] deren Elemente Aufgaben, Aufgabenträger, Sachmittel und Informationen sind, die durch logische Folgebeziehungen verknüpft sind. Darüber hinaus werden zeitliche, räumliche und mengenmäßige Dimensionen konkretisiert. Ein Prozess hat ein definiertes Starterereignis (Input) und Ergebnis (Output) und dient dazu einen Wert für Kunden zu schaffen."[134]

Dabei ist zu berücksichtigen, dass Prozesse repetitiv, also sich wiederholend sind und somit von Projekten, als einmalig durchzuführende Aufgabe oder Abläufe abgrenzen.[135]

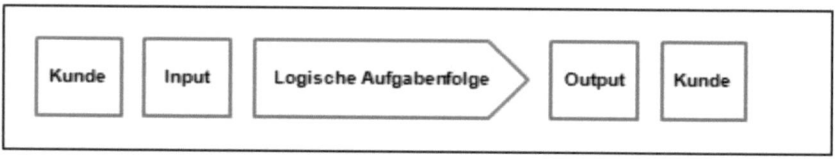

Quelle: Eigene Darstellung in Anlehnung an Fischermanns, G. (2012), S. 12.
Abbildung 1: Prozessdefinition

---

[130] Vgl. Kugeler, M.; Vieting, M. (2008): S. 228.
[131] Fischermanns, G. (2012), S. 17.
[132] Vgl. Fischermanns, G. (2012), S. 17.
[133] Vgl. Becker, J.; Kahn, D. (2008), S. 11 f.
[134] Fischermanns, G. (2012), S. 12.
[135] Vgl. Kramp, M. (2011), S. 27.

Die Analyse der zu verrichtenden Aufgaben nach Prozessen verfolgt das Ziel, unnötige Zerteilungen von Arbeitsabläufen zu vermeiden und die sonst ressourcenintensive (Zeit und Kosten) Abstimmungs- und Integrationsbedarfe im Gesamtleistungsprozess zu minimieren.[136]

Prozesse sind meist stellen- oder organisationseinheitenübergreifend aufgebaut. Somit sind in der Durchführung der Prozesse aufbauorganisatorische Schnittstellen, also Schnittstellen zwischen Stellen und Organisationseinheiten, zu berücksichtigen.[137] Ebenfalls zu berücksichtigen ist der erforderliche Input in den Prozess und der Output aus dem Prozess. Ist für die Durchführung eines Prozesses ein Input aus einem vorgelagerten Prozess erforderlich oder der betrachtete Prozess liefert durch seinen Output den Input für den Folgeprozess, spricht man von der Input-Output-Relation eines betrieblichen Prozesses.[138] Sofern der Output mehrerer (ggf. paralleler) Prozesse den Input für einen Folgeprozess liefert sind die Prozesse in ihrer Durchführung zu harmonisieren.[139]

Erst durch die detaillierte Betrachtung des zeitlich-logischen Zusammenhangs des Prozesses werden die beteiligten Stellen und Organisationseinheiten und deren Schnittstellen untereinander sichtbar und können in ihrer Wechselwirkung und mit ihrem jeweiligen In- und Output betrachtet werden.[140]

Durch die ganzheitliche Betrachtung der Aufgaben und Arbeitsschritte über die Grenzen von Stellen und Organisationseinheiten hinweg, tritt die Ablauforganisation eines Unternehmens in den Vordergrund und die prozessorientierten Aufbaustrukturen treten an Stelle der rein funktionalen Gliederung.[141]

Ziel einer prozessorientierten Aufbaustruktur ist die Prozessorganisation des Unternehmens. Die Prozessorganisation betrachtet das Unternehmen nicht mehr als Summe einzelner Teilfunktionen oder fachlich und disziplinarisch voneinander getrennter Organisations-

---

[136] Vgl. Schreyögg, G. (2008), S. 100.
[137] Vgl. Kugeler, M.; Vieting, M. (2008): S. 225.
[138] Vgl. Wilhelm, R. (2007), S. 26 f.
[139] Vgl. Corsten, H.; Gössinger, R. (2009), S. 59 f.
[140] Vgl. Kugeler, M.; Vieting, M. (2008), S. 225.
[141] Vgl. Fischermanns, G. (2012), S. 36 f.

einheiten, sondern als System untereinander vernetzter Prozesse, die dem übergeordneten Unternehmensziel und -zweck folgen.[142]

4.2 Effizienzkriterien prozessorientierter Aufbaustrukturen und deren institutionenökonomische Bewertung

Für die Modellierung und Bewertung einer prozessorientierten Aufbaustruktur können drei Effizienzkriterien herangezogen werden – die Motivations-, die Koordinations- und die Anpassungseffizienz.[143]

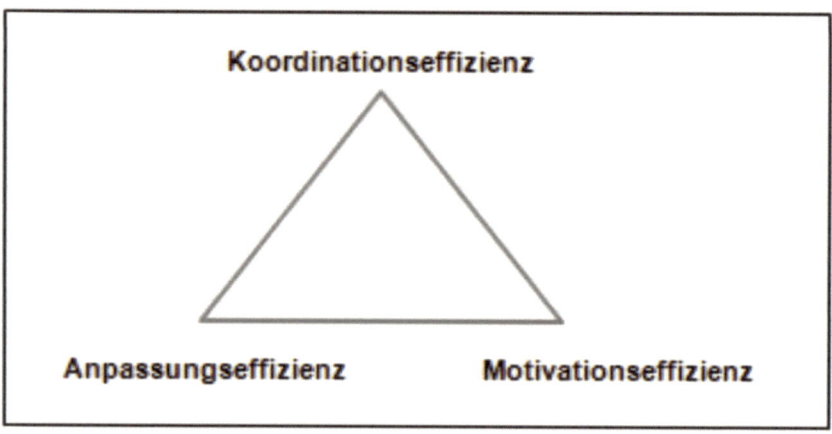

Quelle: Eigene Darstellung in Anlehnung an Kugeler, M.; Vieting, M. (2008), S. 228.
Abbildung 2: Organisatorische Effizienzkriterien

Nachfolgend werden die Effizienzkriterien vorgestellt und mit den oben herausgearbeiteten Erkenntnissen der Institutionenökonomie bewertet.

4.2.1 Motivationseffizienz

4.2.1.1 Charakterisierung

Motivierte Mitarbeiter leisten einen wesentlichen Beitrag zum unternehmerischen Erfolg eines Unternehmens. Inwieweit die Motivation eines Mitarbeiters durch konkrete Maßnahmen gesteigert werden kann, ist umstritten. Vielmehr ist ein Bündel an Maßnahmen

---

[142] Vgl. Wicher, H. (2010), S. 234.
[143] Vgl. Kugeler, M.; Vieting, M. (2008), S. 228.

und Ansätzen erforderlich, um situativ auf die Motivation des einzelnen Mitarbeiters einwirken zu können. Hierzu sind die jeweiligen Motivatoren des Mitarbeiters relevant und müssen durch die Organisation angesprochen werden.[144]

Im Wesentlichen führen jedoch zwei Maßnahmen zu einer gesteigerten Motivationseffizienz[145]:

- Empowerment (Stärkung der Selbstbestimmung und Eigenverantwortung)
- Schaffung abgeschlossener und überschaubarer Aufgabenkomplexe

Unter Empowerment wird die Selbstbestimmung und Stärkung der Eigenverantwortung der Mitarbeiter verstanden. Durch verschiedene Maßnahmen der Personalführung, wie der Delegation von Aufgaben und Verantwortung und der Festlegung klarer Ziel soll das kreative Potenzial und die Detailkenntnisse der Mitarbeiter genutzt werden.[146] Hierzu werden den Mitarbeitern Freiräume in der Aufgabenerledigung eingeräumt. Relevant für den Erfolg ist die Ausrichtung der Strukturen, der Kommunikation, der Fähigkeiten, der (Personalmanagement-) Systeme und der Führungskräfte auf diese Form der Mitarbeiterführung. Nur wenn Empowerment glaubhaft in allen Führungshierarchien und in der Unternehmenskultur verankert und offen und für alle nachvollziehbar gelebt wird, werden die Mitarbeiter die eingeräumten Freiräume nutzen können.[147]

Als weiterer Faktor ist die Schaffung abgeschlossener und überschaubarer Aufgabenkomplexe anzusehen. Die Prozessschritte und sein Anteil am unternehmerischen Erfolg werden für den einzelnen Mitarbeiter erkennbarer.

4.2.1.2 Bewertung aus institutionenökonomischer Sicht

Der Ansatz des Empowerment räumt dem Mitarbeiter Freiräume bei der Aufgabenerfüllung ein. Ein opportunistisches Verhalten des Mitarbeiters kann jedoch nicht ausgeschlossen werden. Aufgrund des gewährten Freiraumes und der Delegation der Aufgabe kann die

---

[144] Vgl. Neuberger, O. (2002), S. 475 ff.
[145] Vgl. Kugeler, M.; Vieting, M. (2008): S. 229.
[146] Vgl. Macharzina, K.; Wolf, J. (2010), S. 596.
[147] Vgl. Kotter, J. (2011), S. 88 ff.

Unternehmung nicht sicher sein, dass die übertragene Aufgabe tatsächlich durch den Mitarbeiter im erwarteten Umfang erfüllt wird.

Entscheidend hierfür sind die Kompetenzen der Mitarbeiter. Weder darf eine Ungleichverteilung von Wissen, Wollen und Können, noch eine hohe Unsicherheit der Mitarbeiter beim wirtschaftlichen Handeln vorliegen. Die Mitarbeiter müssen bemüht sein, die vorliegenden unvollständigen Informationen weitestgehend auszuräumen.[148] Die Fähigkeiten und Kompetenzen der Mitarbeiter müssen im Rahmen von Trainings ausgebildet werden. Hierzu ist es unumgänglich, dass im Vorfeld der Trainings die Zielstellung und die Erwartung an die Mitarbeiter definiert und in den Trainings vermittelt werden. Gerade bei Veränderungsprozessen kommt der Partizipation der Mitarbeiter eine besondere Bedeutung zu.[149]

Ohne konkrete Beherrschungs- und Überwachungsinstrumente ist die Arbeitsleistung des einzelnen Mitarbeiters nicht objektiv beurteilbar. Die Einrichtung von Beherrschungs- und Überwachungssystemen führt zu Überwachungs- und Durchsetzungskosten für die Unternehmung.

Für eine wirtschaftliche Aufgabenerfüllung sind die Überwachungs- und Durchsetzungskosten daher in Relation zur erwarteten gesteigerten Arbeitsleistung durch die gewährten Freiräume zu setzen.

4.2.2 Koordinationseffizienz

4.2.2.1 Charakterisierung

Eine Konzentration der Arbeitsmethodik auf die weitestgehende Arbeitszerlegung nach dem Verrichtungsprinzip[150] erfordert eine Koordination der einzelnen Prozessschritte und der Beteiligten. Die dadurch entstehenden Kosten werden als Abstimmungskosten bezeichnet. Sind die Beteiligten in autonomen Organisationseinheiten organisiert, entstehen Autonomiekosten, „die den Unterschied zwischen der theoretisch optimalen Entscheidung durch eine einheitliche Planung über alle Unternehmensbereiche und der delegierten Entscheidung autonomer Unternehmenseinheiten darstellen"[151].

---

[148] Vgl. Freiling, J.; Gersch, M. (2007), S. 77 f.
[149] Vgl. Kotter, J. (2011), S. 91 f.
[150] Vgl. Taylor, F. W. (1913).
[151] Kugeler, M.; Vieting, M. (2008), S. 229.

Entscheidend für die Durchführungsfähigkeit der prozessorientierten Aufbaustrukturen über mehrere Organisationseinheiten hinweg ist die Einräumung der Verantwortlichkeit und Weisungsbefugnis für die übertragenen Prozessschritte.[152] Prozesse, die Output für andere nachgelagerte Prozesse liefern oder Input aus vorgelagerten Prozessschritten benötigen sind aufeinander abzustimmen.[153] Auf die vertikale Integration von nachgelagerten Prozessschritten unter einer einheitlichen Leitung wird im Kapitel 6.5 detailliert eingegangen.[154]

In hohem Maße abhängig ist die Koordinationseffizienz einer Unternehmung von den Aufgabentypen der zu erledigenden Aktivitäten, der dafür notwendigen Kooperationsintensität sowie weitere Rahmenfaktoren, wie die räumliche Nähe der Produktionsstätten, die zur Verfügung stehende Informations- und Kommunikationstechnologie oder die Qualifikation der Mitarbeiter.[155]

Ein weiterer wichtiger Aspekt der Koordinationseffizienz ist die Kommunikation innerhalb des Unternehmens und die Organisationsstruktur als wesentliche Rahmenbedingung für Lernprozesse im Unternehmen. Hierbei kann es zu zwei gegenläufigen Tendenzen kommen. Strukturelle Regelungen können dazu führen, dass die Kommunikation und Lernprozesse im Unternehmen beeinträchtigt oder verhindert werden. Auf der anderen Seite können strukturelle Regelungen unterstützend auf die Kommunikation, die Wissensnutzung, den Wissenstransfer und die Initiierung von Lernprozessen wirken.[156]

Die Koordinationseffizienz ist das Maß für die Abstimmungs- und Autonomiekosten.

4.2.2.2 Bewertung aus institutionenökonomischer Sicht

Wie bereits oben dargestellt ist die zentrale Fragestellung der Koordinationseffizienz die Wirtschaftlichkeit der Abstimmungs- und Autonomiekosten. Aus Sicht der Markttransaktionskosten handelt

---

[152] Vgl. Fischermanns, G. (2012), S. 37.
[153] Vgl. Wilhelm, R. (2007), S. 26 f.
[154] Vgl. Neus, W. (2011), S. 140.
[155] Vgl. Grant, R.; Nippa, M. (2006), S. 250.
[156] Vgl. Al-Laham, A. (2003), S. 386.

sich bei den Abstimmungs- und Autonomiekosten um Überwachungs- und Durchsetzungskosten.

Die Entscheidung, ob autonome Organisationseinheiten im Vergleich zu im Unternehmen integrierten Organisationseinheiten wirtschaftlicher sind, ist in der Differenz der wirtschaftlichen Leistung zu den Überwachungs- und Durchsetzungskosten zu sehen.

Aus Sicht der Unternehmenstransaktionskosten sind insbesondere die Kosten des Betriebs der Organisation (Logistische Transaktionen, Ausgleichstransaktionen, Qualitätstransaktionen und Veränderungskosten) zu berücksichtigen. Auch hier liegt die Wirtschaftlichkeit in der Differenz der wirtschaftlichen Leistung zu den Kosten des Betriebs der Organisation.

Entscheidenden Einfluss auf die Unternehmenstransaktionskosten haben die Kommunikation innerhalb des Unternehmens und die Fähigkeiten des organisationalen Lernens. Hierarchische Organisationsstrukturen verlängern die Kommunikationswege und erhöhen somit die Transaktionskosten. Auch beeinflussen hierarchische Organisationsstrukturen mit einer hohen Gliederungstiefe das Informations- und Wissensmanagement negativ. Sie können der Forderung nach schnellem und unmittelbarem Wissenstransfer nur eingeschränkt Rechnung tragen.[157] Wissensorientierte Organisationsstrukturen zeichnen sich hingegen durch flache Hierarchien aus, die auf eine Verkürzung der Informations- und Kommunikationswege und eine generelle Erhöhung der Flexibilität zielen.[158] Mit dem Abbau der Hierarchieebenen erhöht sich, bei gleichbleibender Stellenzahl, die Leitungsspanne.[159] Der erhöhten Koordinations- und Kontrollnotwendigkeit soll, im Gegensatz zu hierarchisch strukturierten Unternehmen, durch eine Förderung selbstorganisatorischer Prinzipien und sowie die Betonung von Eigeninitiative und Eigenverantwortung[160] der Mitarbeiter entsprochen werden.[161]

Bei der Fragestellung, ob die Aufgabenerfüllung in autonomen oder im Betrieb eingebetteten Organisationseinheiten erfolgen soll, sind in erster Linie die Autonomiekosten zu betrachten.

---

[157] Vgl. Al-Laham, A. (2003), S. 388.
[158] Vgl. North, K. (2011), S. 95 f.
[159] Vgl. Kieser, A.; Kubicek, H. (1992), S. 193.
[160] Siehe auch Ausführungen im Kapitel Motivationseffizienz.
[161] Vgl. Probst et al. (2010), S. 177 ff.

4.2.3 Anpassungseffizienz

4.2.3.1 Charakterisierung

Unternehmen müssen flexibel auf die sich verändernden Marktgegebenheiten und die makroökonomischen Rahmenbedingungen reagieren. Die Anpassung der Unternehmung an die sich verändernden Rahmenbedingungen ist abhängig von der unternehmensinternen Flexibilität der Strukturen und Prozesse.[162] Unternehmerischer Erfolg resultiert aus einem Vorsprung gegenüber dem Wettbewerb, der sich im Wesentlichen in der Innovationsfunktion des Marktprozesses niederschlägt.[163]

Die Anpassungseffizienz ist umso höher, je einfacher sich die Strukturen im Unternehmen verändern lassen.[164] Allerdings ist hierbei zu beachten, dass kurzfristig erfolgreicher Wandel auch nachhaltig im Unternehmen verankert werden muss, um eine langfristige Akzeptanz der Maßnahmen zu erhalten.[165]

Die Anpassungseffizienz kann durch zwei Maßgrößen gekennzeichnet werden:

- Die Anpassungskosten und
- Die Anpassungszeit.

Anpassungskosten entstehen bei der Anpassung der Organisation an die veränderten Rahmenbedingungen. Um zeitnah auf sich verändernde Rahmenbedingungen reagieren zu können, ist „ein Mindestmaß an prozessualer Modularität in der Organisation" erforderlich, um eine „durchgängige und integere Umsetzungsorientierung" zu gewährleisten.[166]

Die Anpassungszeit beschreibt den Zeitraum zwischen dem Eintritt der veränderten Rahmenbedingungen und der Reaktion des Unternehmens. Je schneller sich die Organisationsstruktur anpassen lässt, desto geringer ist das Risiko negativer Konsequenzen für die Unternehmung.

---

[162] Vgl. Kugeler, M.; Vieting, M. (2008), S. 231.
[163] Vgl. Seidenschwarz, W. (2008), S. 7.
[164] Vgl. Kugeler, M.; Vieting, M. (2008), S. 231.
[165] Vgl. Seidenschwarz, W. (2008), S. 7.
[166] Seidenschwarz, W. (2008), S. 7.

4.2.3.2 Bewertung aus institutionenökonomischer Sicht

Die unklaren Umweltbedingungen im Umfeld der Unternehmung bezeichnet Williamson als parametrische Unsicherheit. Gerade bei einer hohen parametrischen Unsicherheit sollten sich das Unternehmen flexible Strukturen erhalten, bspw. durch den Einsatz von befristeten Mitarbeitern oder Leiharbeitnehmern, die im Bedarfsfall schneller freigesetzt werden können, als festangestellte Mitarbeiter.

Anpassungskosten stellen in vielen Fällen, bspw. bei der Einrichtung eines neuen Vertriebsbüros oder bei der Umschulung oder Einarbeitung von Mitarbeitern spezifische Investitionen dar. Je nach Veränderungsbedarf sind Investitionen in die verschiedenen Faktorspezifitäten angezeigt. Zu hinterfragen sind vor der Investition, ob ggf. andere Organisationsformen mit bestehenden Ressourcen die spezifische Investition entbehrlich machen können. Gerade bei einer akuten Gefährdungssituation des Unternehmens können die Folgen von irreversiblen Kosten (sunk costs) unternehmensgefährdende Auswirkungen haben und nachhaltig die wirtschaftliche Basis gefährden.

Je nach Betrachtungshorizont können Anpassungskosten ex ante oder ex post entstehen. Ausgehend von der Perspektive eines eingerichteten Betriebs handelt es sich bei Anpassungskosten um Kosten, die mit Kosten der Einrichtung, der Erhaltung oder der Änderung der Organisationsstruktur oder mit dem Betrieb der Organisation (Logistische Transaktionen, Ausgleichstransaktionen, Qualitätstransaktionen und Veränderungskosten) einhergehen.[167]

Sofern die grundlegenden Änderungen an der Organisation noch in Planung sind, können die Anpassungskosten auch ex ante entstehen. Hierbei sind dann insbesondere die Such- und Informationskosten sowie die Verhandlungs- und Durchsetzungskosten den ex ante entstehenden Transaktionskosten zuzurechnen.

4.3 Herausforderungen durch E-Government

Im Rahmen des Programms der Bundesregierung „Vernetzte und transparente Verwaltung" trägt das E-Government-Gesetz (EGovG) zur Umsetzung der nationalen E-Government-Strategie bei. Ziel von E-Government ist die Abwicklung geschäftlicher Regierungs- und

---

[167] Vgl. Richter, R.; Furubotn, E. (1999), S. 53 ff.

Verwaltungsprozesse mit Hilfe von Informations- und Kommunikationstechniken über elektronische Medien.[168]

Sämtliche staatlichen Institutionen, Bundes, Landes und Kommunale Körperschaften des Öffentlichen Rechts unterliegenden Regularien des EGovG und müssen Infrastruktur und Prozesse entsprechend anpassen. Derzeit kommt es in Verfahren, in denen Schriftformerfordernisse bestehen, Nachweise in Papierform eingereicht werden müssen oder die behördlichen Akten in Papierform geführt werden, zu Medienbrüchen.[169] Medienbruchfreie Prozesse vom Antrag bis zur Archivierung sollen durch das EGovG ermöglicht werden.[170] Hierzu soll die elektronische Kommunikation mit der Verwaltung erleichtert werden, indem mit der qualifizierten elektronischen Signatur (qeS), der elektronischen Identifizierung (eID) und DE-Mail sichere Verfahren zur Ersetzung der Schriftform zugelassen werden.[171] Die heutigen Angebote der Verwaltung zur Kommunikation per E-Mail erfüllen nicht die Anforderungen eines vollständigen, bidirektionalen und rechtsverbindlichen Informationsaustausches.[172]

E-Government ermöglicht, dass räumlich voneinander entfernte Beteiligte ohne bedeutende Zeitverzögerung zusammenarbeiten können und elektronische Verwaltungsdienste entlang der Lebenslagen von Bürgern und Unternehmen strukturiert werden können.[173] Die schnelle und effiziente Kommunikation und Transaktion zwischen den Verwaltungen führt nicht nur zu erhöhter Effizienz in den Verwaltungsverfahren, sondern zieht Zeit- und Geldeinsparungen nach sich.[174] Potenziale liegen insbesondere in der Automatisierung von Prozessen, durch die automatisierte Verarbeitung von Daten, bspw. anderer Behörden. Durch die rechtsverbindliche elektronische Kommunikation wird zudem ermöglicht, dass Eingaben der Kunden digital und automatisiert verarbeitet werden können.[175]

Die Voraussetzung für eine erfolgreiche Implementierung von E-Government-Strukturen in den staatlichen Institutionen ist die Ana-

---

[168] Vgl. Referentenentwurf EGovG, Stand 5.3.2012, S. 1.
[169] Vgl. Referentenentwurf EGovG, Stand 5.3.2012, S. 1.
[170] Vgl. Referentenentwurf EGovG, Stand 5.3.2012, S. 2.
[171] Vgl. Referentenentwurf EGovG, Stand 5.3.2012, S. 2.
[172] Vgl. Behjat, S. (2007), S. 28.
[173] Vgl. Referentenentwurf EGovG, Stand 5.3.2012, S. 24.
[174] Vgl. Behjat, S. (2007), S. 25.
[175] Vgl. Posluschny, P. (2012), S. 30.

lyse und ggf. erforderliche Anpassung der Prozesse auf eine vollends digitalisierte Prozessdurchführung. Die Grundlage hierfür ist die Ausrichtung der Kerngeschäftsprozesse entlang der Wertschöpfungskette auf die eigenen internen Prozessabläufe und der Abläufe von internen und externen Lieferanten und Kunden.[176] Die, an der vertikalen Aufbauorganisation orientierten Prozesse, müssen auf eine prozessorientierte, horizontale Organisation ausgerichtet werden.[177]

Die geplante Einführung des EGovG erfordert eine beschleunigte Ausrichtung der Prozesse der staatlichen Institutionen hin zu prozessorientierten Aufbauorganisationen. Neben der Prozessorientierung sind parallel die technischen Rahmenbedingungen in den EDV-Systemen vorzubereiten.

4.4 Zwischenergebnis

Die Trennung in Aufbau- und Ablauforganisation wird zusehends zu Gunsten einer integrierten Prozesssicht über das gesamte Unternehmen und seine Aufgaben verworfen.

Prozessmanagement ist als ein auf Dauer eingerichtetes Konzept anzusehen, um eine effektive und effiziente Prozessorganisation über das gesamte Unternehmen gewährleisten zu können. Ziel einer leistungsfähigen Prozessorganisation ist es daher, nicht die einzelne Aufgabe in einer klassisch funktional gegliederten Unternehmung zu betrachten, sondern Aufgaben ganzheitlich in Form von Prozessen zu modellieren.

Durch die detaillierte Betrachtung des zeitlich-logischen Zusammenhangs des Prozesses werden die beteiligten Stellen und Organisationseinheiten und deren Schnittstellen untereinander sichtbar und können in ihrer Wechselwirkung und mit ihrem jeweiligen In- und Output betrachtet werden.

Die Prozessorganisation betrachtet das Unternehmen nicht mehr als Summe einzelner Teilfunktionen oder fachlich und disziplinarisch voneinander getrennten Organisationseinheiten, sondern als System untereinander vernetzter Prozesse, die dem übergeordneten Unternehmensziel und -zweck folgen.[178]

---

[176] Vgl. Behjat, S. (2007), S. 31.
[177] Vgl. Behjat, S. (2007), S. 31.
[178] Vgl. Wicher, H. (2010), S. 234.

Für die Modellierung und Bewertung einer prozessorientierten Aufbaustruktur können drei Effizienzkriterien herangezogen werden – die Motivations-, die Koordinations- und die Anpassungseffizienz.[179]

Im Wesentlichen führen zwei Maßnahmen zu einer gesteigerten Motivationseffizienz: Empowerment der Mitarbeiter (Stärkung der Selbstbestimmung und Eigenverantwortung) und die Schaffung abgeschlossener und überschaubarer Aufgabenkomplexe für die Mitarbeiter. Die Koordinationseffizienz ist das Maß für die Abstimmungs- und Autonomiekosten eines Unternehmens. Die Anpassungseffizienz kann durch zwei Maßgrößen gekennzeichnet werden: die Anpassungskosten und die Anpassungszeit. Die Anpassungskosten entstehen bei der Anpassung der Organisation an die veränderten Rahmenbedingungen, die Anpassungszeit beschreibt den Zeitraum zwischen dem Eintritt der veränderten Rahmenbedingungen und der Reaktion des Unternehmens.

Prozesse und Infrastruktur sind auf eine digitalisierte und automatisierte Prozessdurchführung auszurichten. Das EGovG gibt hierfür den Rahmen vor. Die Voraussetzung für eine erfolgreiche Implementierung von E-Government-Strukturen in den staatlichen Institutionen ist die Analyse und ggf. erforderliche Anpassung der Prozesse auf eine vollends digitalisierte Prozessdurchführung. Die Grundlage hierfür ist die Ausrichtung der Kerngeschäftsprozesse entlang der Wertschöpfungskette auf die eigenen internen Prozessabläufe und der Abläufe von internen und externen Lieferanten und Kunden.[180]

---

[179] Vgl. Kugeler, M.; Vieting, M. (2008), S. 228.
[180] Vgl. Behjat, S. (2007), S. 31.

5. Qualitätsbegriff im Prozessmanagement

5.1 Begriffsdefinition von Qualität

Zur Betrachtung von Prozessqualität ist eine differenzierte Betrachtung des Qualitätsbegriffs erforderlich. In der Literatur finden sich verschiedene Definitionen und Begrifflichkeiten des Qualitätsbegriffs. Philip B. Crosby definiert Qualität durch die „Four Absolutes of Qualitymanagement", nicht als einen feststehenden Begriff, sondern als Zielsetzung[181]:

1. **Qualität bedeutet Erfüllung der Forderungen (Quality has to defined as conformance to requirements, not as goodness or elegance)**

   Qualität ist immer als die Erfüllung von Forderungen zu definieren. Sämtliche Beteiligten müssen sich darüber im Klaren sein, dass das Management Klarheit und die Erfüllung klarer Forderungen erwartet. Jede festgestellte Abweichung vom geforderten Soll ist identisch mit einem Mangel an Qualität.

2. **Qualität wird durch Vorbeugung, nicht durch Prüfung erreicht (The system for causing quality is prevention, not appraisal)**

   Die Prüfung ist eine teure und wenig zuverlässige Methode. Um Fehler nicht entstehen zu lassen, ist Vorbeugung erforderlich. Der Aufbau einer Vorbeugungskultur hebt das intellektuelle Niveau einer Unternehmung. Diese Kultur bringt Ideen und Aktivitäten hervor.

3. **Qualität hat den Leistungsstandard „Null Fehler" (The performance standard must be Zero Defects, not „that´s close enough")**

   Das erklärte Ziel orientiert sich am Null-Fehler-Konzept, das festlegt, jede Arbeit von vornherein richtig zu machen. Null-Fehler-Programme zielen auf die Einstellungsänderung der einzelnen Mitarbeiter mittels Selbstkontrolle ab.

---

[181] Vgl. Zollondz, H. (2011), S. 139 f.

4. **Qualität wird anhand des Preises der Abweichung gemessen (The measurement of quality is the price of nonconformance, not indices)**

    Damit wird der Preis der Fehler als Maßstab angewendet: Qualitätskosten sind identisch mit den Kosten der Nichterfüllung. Es entstehen Aufwendungen für die Beseitigung fehlerhafter Produkte: qualitätsbezogene Kosten.

Die Definition von Philip B. Crosby zeigt auf, dass Qualität nicht rein auf die Anzahl defekter Endprodukte oder nicht erfolgreich abgeschlossener Dienstleistungen bezogen werden darf, sondern eine ganzheitliche Betrachtung des Produktionsprozesses oder der Erstellung von Dienstleistungen erforderlich ist.[182]

5.2 Abgrenzung des Qualitätsbegriffs im Prozessmanagement

Wie oben dargestellt kann Qualität nicht auf eine einzelne Dimension oder Begrifflichkeit begrenzt werden. Entsprechend des klassischen Qualitätsverständnisses lässt sich der Qualitätsbegriff in drei Ebenen aufgliedern:[183]

1. Die **Produktqualität** in Bezug auf den Erfüllungsgrad der impliziten und expliziten Forderungen der Kunden an das Produkt.
2. Die **Prozessqualität** in Bezug auf systematisch aufzustellende Prozesse unter Berücksichtigung von Effizienz- und Effektivitätserwägungen.
3. Die **Systemqualität** in Bezug auf das Zusammenspiel und die Abstimmung der einzelnen Kern-, Unterstützungs-, sowie Managementprozesse.

Die Produkt-, Prozess-, und Systemqualität sind kompatible Zielbeziehungen innerhalb des Unternehmens. Sie stehen dabei nicht einem Zielkonflikt sondern sind komplementäre Ziele. Die Zielkomplementarität liegt vor, wenn Maßnahmen zur Erreichung eines Ziels gleichzeitig zu einem höheren Erreichungsgrad eines anderen Ziels führen.[184] So lässt sich eine kontinuierlich hohe Produktqualität in der Regel nur durch eine hohe Prozessqualität erreichen. Das heißt

---

[182] Vgl. Thommen, J.-P.; Achleitner, A.-K. (2009), S. 355.
[183] Vgl. Schmitt, R.; Pfeiffer, T. (2010), S. 276 f.
[184] Vgl. Macharzina, K.; Wolf, J. (2010), S. 213.

die einzelnen Prozesse zur Produkterstellung müssen systematisch aufgestellt sein, um einerseits eine möglichst geringe Streuung im Ergebnis zur gewährleisten und anderseits das Ergebnis unter wirtschaftlichen Aspekten effizient und effektiv zu erreichen.[185] Damit letztlich die einzelnen Prozesse, unter Berücksichtigung ihrer Einzelziele, die Unternehmensziele verfolgen, müssen sie aufeinander abgestimmt, geleitet und gelenkt werden, was unter Systemqualität zu verstehen ist.[186] Gerade im Rahmen sequentieller Arbeitsprozesse können sich einzelne Prozesse überschneiden. Die Harmonisierung der einzelnen Prozessschritte und Ergebnisse kann durch den Einsatz von technischen Koordinationssystemen – Workflow-Management-Systemen – unterstützt werden und erhöht die Systemqualität.[187]

5.3 Produktqualität in Dienstleistungsorganisationen

Eine hohe Qualität steigert die Zufriedenheit des Kunden und erfüllt dessen Erwartungen an das Produkt oder die Dienstleistung. Kunden, die mit der Qualität eines Produktes unzufrieden sind, werden mit 90 %iger Wahrscheinlichkeit zu einem anderen Hersteller wechseln und ihren Unmut über das Produkt oder die Dienstleitung mindestens neun und teilweise über zwanzig weiteren Personen mitteilen.[188]

Bislang wird in der Literatur der Qualitätsbegriff häufig unter Produktqualität subsumiert. Die Qualität eines Produktes oder einer Dienstleitung sind unmittelbar für den Kunden wahrnehmbar. Bei Produkten spiegelt sich die Erwartung der Kunden meist in der Praktikabilität, im Design und in der Anwendbarkeit des Produktes wider. Service- oder Dienstleistungen weisen einen wichtigen Unterschied zu Produkten auf. Die Service- oder Dienstleistung entstehen ganz oder teilweise an der Schnittstelle vom Anbieter zum Kunden (Ad-actu-Prinzip). Daher ist für den Kunden nicht nur das Ergebnis der Leistung relevant und beurteilbar, sondern auch der Prozess der Erstellung maßgebend, den der Kunden ganz oder teilweise miterleben kann.

---

[185] Vgl. Linß, G. (2002), S. 15.
[186] Vgl. Schmitt, R.; Pfeiffer, T. (2010), S. 277.
[187] Wersch, M. (1995), S. 106.
[188] Vgl. Brüggemann, H.; Bremer, P. (2012), S. 2.

Drei Aspekte sind hervorzuheben[189]:

> die Integration des externen Faktors, die Immaterialität und die Gleichzeitigkeit.

Die Erbringung einer Dienstleistung bedarf der Interaktion des Mitarbeiters und des Kunden. Im Erstellungsprozess der Dienstleistung bringen die Kunden den externen Faktor (Informationen, Güter oder bei Beratungsleistungen sich selbst) ein.[190]

Das Resultat einer dienstleistenden Tätigkeit ist nicht greifbar. Anders als bei der Sachgütererstellung liegt am Ende des Prozesses kein materielles Gut vor. Aus diesem Grund werden die Mitarbeiter des Dienstleisters häufig als Surrogat der eigentlichen Leistung angesehen.[191]

Bei Dienstleistungen fallen Leistungserstellung und Leistungsabgabe zeitlich zusammen. Eine Dienstleistung wird in demselben Moment produziert, in dem sie vom Kunden konsumiert wird. Aus diesem Grund ist es daher oft schwierig, die vorhandenen Ressourcen zur Erbringung der Dienstleistung auf die Kundenanfrage quantitativ und zeitlich abzustimmen.[192]

Bei Service und Dienstleistungen setzt sich deshalb die Marktleistung aus dem Ergebnis und der Verrichtung der Dienstleitung zusammen. Entsprechend wird bei Dienstleistungsqualität zwischen Ergebnisqualität und Verrichtungsqualität unterschieden.[193]

5.4 Prozess- und Systemqualität aus institutionenökonomischer Sicht

Eine reine Betrachtung der Qualität der Endprodukte spiegelt nur die unmittelbare Wirkung auf den Kunden wider. Der oben skizzierte Begriff der Produktqualität geht hierüber hinaus und zeigt neben der steigenden Zufriedenheit der Kunden weitere positive Wirkungen auf die Leistungserstellungsprozesse. Der ganzheitliche verwendete Qualitätsbegriff erweitert die bisherige Sicht um die Qualität der Prozesse und beachtet so, dass eine hochwertige Produktqualität das Ergebnis einer hervorragenden Prozessqualität sein muss. Eine her-

---

[189] Vgl. Benkenstein, M. et al. (2007), S. 56.
[190] Vgl. Homburg, C.; Krohmer, H. (2006), S. 976.
[191] Vgl. Engelhardt., W. et al. (1992), S. 48.
[192] Vgl. Wilhelm, R. (2007), S. 151 f.
[193] Vgl. Seghezzi, H. et al., S. 45.

vorragende Prozessqualität bedeutet eine hohe Prozessfähigkeit, d. h. gegen Störungen unanfällige, robuste und statistisch beherrschbare Prozesse.[194] Eine höhere Prozessqualität bewirkt somit eine bessere Maschinenauslastung, kürzere Durchlaufzeiten, geringere Vorratshaltung, weniger Ausschuss und Nacharbeit.[195]

Das Ergebnis einer höheren Prozessqualität bewirkt eine höhere Produktqualität, die zu verbesserten Funktionalitäten und Zuverlässigkeit, geringeren Kosten aus Gewährleistung, Kulanz und Fehlerbeseitigung führt.[196]

Hohe Prozess- und Produktqualität sind nur durch eine hohe Systemqualität und das damit verbundene Zusammenwirken der einzelnen Kern-, Unterstützungs-, sowie Managementprozesse zu erreichen. Die Harmonisierung der innerbetrieblichen Prozesse ist erforderlich, um Transaktionen innerhalb des Unternehmens durchführen zu können, deren Ergebnis eine hohe Prozess- und Produktqualität liefert. Die Definition von Williamson[197] über Transaktionen weist auf das Erfordernis der Harmonisierung hin. Die Fähigkeit einer Unternehmung zur Harmonisierung der Prozesse, zeigt die Koordinationseffizienz. Als Maß für die, mit der Harmonisierung der Prozesse einhergehenden Überwachungs- und Durchführungskosten, spiegelt sie die wirtschaftliche Leistungserbringung in der Unternehmung wider. Ein weiterer Faktor zur Beurteilung der Systemqualität sind die Unternehmenstransaktionskosten, die bei dem Betrieb der Organisation entstehen. Geringe Kosten für logistische Transaktionen, Ausgleichstransaktionen, Qualitätstransaktionen und Veränderungskosten weisen auf eine hohe Systemqualität hin.

Zu berücksichtigen sind bei der Beurteilung der Systemqualität die Faktorspezifitäten der einzubringenden Ressourcen. Abhängig von der Spezifität der einzelnen Ressourcen können Disharmonien im Zusammenwirken der Prozesse und der Beteiligten entstehen, die zu gesteigerten Transaktionskosten an der Schnittstelle der Prozesse führen. Bezogen auf die Humankapitalspezifität sind bspw. einheitliche Ausbildungsstände bei der unmittelbaren Zusammenarbeit der

---

[194] Vgl. Kamiske, G. (2012), S. 5.
[195] Vgl. Nebl, T. (1998), S. 384 f.
[196] Vgl. Kamiske, G. (2012), S. 5.
[197] „Eine Transaktion findet statt, wenn ein Gut oder eine Leistung über eine technisch trennbare Schnittstelle hinweg übergeben wird. Eine Tätigkeitsphase beginnt; eine andere beginnt."; Williamson, O. E. (1990), S. 1.

Beteiligten zu beachten, um Reibungsverluste an der Schnittstelle zu vermeiden.[198]

5.5 Qualitätssteigerung durch Vertikale Integration

Besonders Prozesse mit zahlreichen Schnittstellen oder über Input-Output-Abhängigkeiten eng miteinander verbundene Prozesse eignen sich zur Vertikalen Integration. Unter Vertikaler Integration versteht man die Zusammenfassung von im Produktionsprozess nacheinander gelagerten Stufen unter eine einheitliche Leitung.[199] Je größer die Eigentumsrechte eines Unternehmens und dessen Kontrolle über aufeinander folgende Stufen der Wertschöpfungskette seines Produktes sind, desto größer ist der Grad der Vertikalen Integration.[200]

Unter Berücksichtigung der Standortspezifität stellt Williamson fest, dass „aufeinanderfolgende standortgleiche Produktionsstufen überwiegend integriert sind [und] insbesondere die Integration von Aktivitäten im direkten Produktionsfluss auf der Hand zu liegen [scheint]".[201] Damit über die Integration überhaupt eine Entscheidung getroffen werden kann, muss es sich um eine technisch separierbare Schnittstelle handeln. Die Übertragung der Zwischenprodukte stellt die Transaktion im Sinne der Transaktionskostentheorie dar.[202]

Bei der Entscheidung zur Vertikalen Integration ist die Input-Output-Relation von Prozessen und Prozessschritten besonders zu beachten, um Reibungsverlust in der Leistungserstellung zu vermeiden.[203]

Wie oben dargestellt stellt die Faktorspezifität eine besondere Bedeutung für die Systemqualität dar. Besonders gilt dies für komplexe Transaktionen, in den beide Transaktionspartner eng miteinander verbunden sind. Beide Partner gehen eine langfristige Kooperation ein, bei denen die Tauschpartner den Vertrag regelmäßig adjustieren müssen.[204] Auch sind ggf. spezifische Investitionen getätigt worden, um die Kooperation zu ermöglichen. Williamson sieht in diesen Ko-

---

[198] Vgl. Williamson, O. E. (1990), S. 1.
[199] Vgl. Neus, W. (2011), S. 140.
[200] Vgl. Grant, R.; Nippa, M. (2006), S. 491.
[201] Williamson, O. E. (1990), S. 120.
[202] Vgl. Neus, W. (2011), S. 140.
[203] Vgl. Wilhelm, R. (2007), S. 26 f.
[204] Vgl. Williamson, O. E. (1979), S. 260.

operationen, „die Umstände unter denen [die oben detailliert skizzierte] Faktorspezifität, Unsicherheit und Häufigkeit zusammentreffen".[205]

Die Vertikale Integration ist eine geeignete Form die Vertragspartner vor opportunistischem Verhalten der Gegenseite nach Vertragsschluss zu schützen.[206] Durch die langfristige Zusammenarbeit im Unternehmen wird ein gemeinsames Werteverständnis geschaffen, welches die Kommunikation erleichtert und dadurch opportunistisches Verhalten erschwert.[207] Auf der anderen Seite verlieren Unternehmen durch die Vertikale Integration die Anreize eines offenen Marktes, mit dem Gewinnanreiz für den Käufer den bestmöglichen Geschäftsabschluss zu erreichen und für den Verkäufer die Kunden durch die notwendigen Effizienz- und Servicegrade zu gewinnen bzw. zu verhalten. Eine unternehmensinterne Kunden-Lieferanten-Beziehung vermindert diese Marktanreize.[208]

Die Vertikale Integration von, im Produktionsprozess nacheinander gelagerten Prozessschritten, kann somit eine positive Wirkung auf die Systemqualität und dadurch mittelbar auf die Prozess- und Produktqualität haben. Darüber hinaus ist mit Kosteneinsparungen bei der physikalischen, lokalen Integration von Prozessen und Wertschöpfungsstufen zu rechnen.[209]

5.6 Zwischenergebnis

Der Qualitätsbegriff darf nicht rein auf die Anzahl defekter Endprodukte oder nicht erfolgreich abgeschlossener Dienstleistungen bezogen werden, sondern er spiegelt eine ganzheitliche Betrachtung des Produktionsprozesses oder der Erstellung von Dienstleistungen wider. Qualität lässt sich in drei Ebenen aufgliedern, die Produkt-, die Prozess- und die Systemqualität.[210] Die Produkt-, Prozess-, und Systemqualität sind kompatible Zielbeziehungen innerhalb des Unternehmens. Sie stehen dabei nicht in einem Zielkonflikt, sondern sind komplementäre Ziele.

---

[205] Williamson, O. E. (1990), S. 120.
[206] Vgl. Richter, R.; Furubotn, E. (1999), S. 178.
[207] Vgl. Picot, A. et al. (2012), S. 383.
[208] Vgl. Grant, R.; Nippa, M. (2006), S. 497 f.
[209] Vgl. Grant, R.; Nippa, M. (2006), S. 493.
[210] Vgl. Schmitt, R.; Pfeiffer, T. (2010), S. 276 f.

Die Qualität eines Produktes oder einer Dienstleistung sind unmittelbar für den Kunden wahrnehmbar. Die Erbringung bedarf der Interaktion des Kunden und des Mitarbeiters. Das Resultat einer dienstleistenden Tätigkeit ist nicht greifbar. Leistungserstellung und Leistungsabgabe fallen durch die Interaktion zeitlich zusammen.

Das Ergebnis einer höheren Prozessqualität bewirkt eine höhere Produktqualität, die zu verbesserten Funktionalitäten und Zuverlässigkeit, geringeren Kosten aus Gewährleistung, Kulanz und Fehlerbeseitigung.

Bei der Beurteilung der Systemqualität sind die Faktorspezifitäten der einzubringenden Ressourcen maßgeblich zu berücksichtigen. Abhängig von der Spezifität der einzelnen Ressourcen können Disharmonien im Zusammenwirken der Prozesse und der Beteiligten entstehen, die zu gesteigerten Transaktionskosten an der Schnittstelle der Prozesse führen.

Die Vertikale Integration von, im Produktionsprozess nacheinander gelagerten, Prozessschritten kann somit eine positive Wirkung auf die Systemqualität und dadurch mittelbar auf die Prozess- und Produktqualität haben.[211]

---

[211] Vgl. Grant, R.; Nippa, M. (2006), S. 493.

6. Die Determinanten Zeit, Kosten, Quantität und Qualität

6.1 Institutionenökonomische Betrachtung der Determinanten

6.1.1 Zeit

Der Zeitwert eines Prozesses spiegelt sich in der Zeit wider, die ein Prozess vom Prozessanstoß bis zur Abnahme des Prozessergebnisses von einem internen oder externen Kunden in Anspruch nimmt. Dabei sind nicht nur Bearbeitungs- bzw. Bewegungszeiten der Prozessobjekte zu betrachten, sondern auch Liegezeiten, die abgesehen von Reifungsprozessen, die Prozessdauer verlängern und auf Ineffizienzen hinweisen.[212]

Aus prozessorganisatorischer Sicht ist die Zeitdauer eines Prozesses von Interesse. Zur Abbildung der oben beschrieben Ineffizienzen ist die Prozessdauer in die Bearbeitungszeit, die Transportzeit und die Liegezeit zu differenzieren. Als Bearbeitungszeit wird die Zeitdauer aller Tätigkeiten definiert, die dazu dienen, den Zustand des Prozessobjektes in Richtung des vorgegebenen Ergebnisses der Aufgabenerfüllung zu verändern. Unter Transportzeit wird die Dauer verstanden, die für die räumliche Veränderung des Prozessobjektes von Bearbeitungsort zu Bearbeitungsort oder zu Liegeorten anfällt. Mit Liegezeit wird die Zeitdauer erfasst, in der das Prozessobjekt weder bearbeitet noch transportiert wird. Die Summe von Bearbeitungs-, Transport- und Liegezeit ergibt die Durchlaufzeit eines Prozesses.[213]

Prozessmanagement verfolgt das Ziel die Durchlaufzeit eines Prozesses zu verkürzen, da Zeit auf der einen Seite Kosten, durch Liegezeiten und unproduktives Personal, verursacht und Erlöse, durch erforderliche Nacharbeiten, mindert. Die Zeit, die ein Prozess in Anspruch nimmt, ist von einer Reihe vom Unternehmen direkt beeinflussbaren Größen abhängig. Hier sind die Leistungserstellungsverfahren oder die technische und personelle Ausstattung des Unternehmens zu nennen, aber auch nur direkt beeinflussbare Faktoren, wie außerplanmäßige Kapazitätsengpässe oder Besonderheiten von Kunden, Daher ist für jeden Prozess festzuhalten, unter welchen Bedingungen die ermittelten Zeiten realisiert wurden.[214]

---

[212] Vgl. Posluschny, P. (2012), S. 115.
[213] Vgl. Fischermanns, G. (2012), S. 245.
[214] Vgl. Posluschny, P. (2012), S. 116.

Gegenüber Kunden eignet sich die Durchlaufzeit als Serviceversprechen im Rahmen eines Service-Level-Agreement (SLA). Die Durchlaufzeit spiegelt dann eine definierte Dienstleistungsverpflichtung des Unternehmens an seine Kunden wider.[215]

Die Prozessdeterminante Zeit ist besonders gut geeignet, in einer Kennzahl abgebildet zu werden, da es sich um eine leicht quantitativ operationalisierbare Dimension handelt.

6.1.2 Kosten

Die Kosten von Prozessen sind in der Regel schwieriger zu messen als Zeiten, Qualitäten oder Kundenzufriedenheit. Das Ermitteln von Kosten setzt eine ausgiebige Analyse der Prozesse und der Kostentreiber voraus. In vielen Fällen wird zur Bestimmung der Prozessqualität eine Betrachtung der erbrachten Qualität und der benötigten Zeit ausreichend sein.[216] Ist ein direktes Messen der Kosten unabdingbar, sind die Kosten unter Berücksichtigung der Informationsökonomie zu erheben. Als zentrale Fragestellung ist zu klären, ob die Effizienz des Prozesses anhand seiner Kosten einmalig zu beurteilen ist, oder ob es einer ständigen Prozesskostenrechnung bedarf. Eine kontinuierliche Messung der Prozesskosten bedarf die Abbildung der Kosten in einem Kostenrechnungssystem. Zur Analyse der Hintergründe der Kostenentstehung und zur Beeinflussung der Kosten an ihren Quellen sind Instrumente des Kostenmanagements notwendig. Das Kostenmanagement ergänzt die traditionelle Kostenarten-, Kostenstellen- und Kostenträgerrechnung um Instrumente, die es erlauben, Kosten frühzeitig am Anfang des Lebenszyklus zu gestalten, sowie Kundenwünsche und Wettbewerbspositionen einzubeziehen.[217] Zu den Instrumenten des Kostenmanagements gehört die Prozesskostenrechnung, als Ergänzung der Kostenstellenrechnung, um Prozesskosten nach ihrer Inanspruchnahme von Ressourcen mit Hilfe von Prozesskostensätzen den Kostenträgern zuzurechnen.[218] Auf die Prozesskostenrechnung als kostenrechnerisches Instrument wird im Kapitel 7.3 noch vertieft eingegangen.

Der Aufwand für ein permanentes Messen der Prozesskosten ist ungleich höher und sollte als Gründen der Informationsökonomie

---

[215] Vgl. Schäfermeier, U. (2010), S. 59.
[216] Vgl. Fischer, D. (2009), S. 136.
[217] Vgl. Baum, H. et al. (2007), S. 107.
[218] Vgl. Eschenbach, R.; Siller, H. (2011), S. 99.

bspw. nur für eine verursachungsgerechte Weiterbelastung der Kosten betrieben werden. Dies kann der Fall sein bei für Dritte erbrachten Dienstleistungen oder bei der Inanspruchnahme von Leistungen durch Organisationseinheiten des eigenen Unternehmens.[219]

Die detaillierte Kenntnis der Kosten ermöglicht eine genauere Prozessbewertung und bietet den Unternehmen Möglichkeiten der Prozesssteuerung, in dem die Frage nach Prozessbeschleunigungskosten, also den Kosten, die zusätzlich notwendig sind um Durchlaufzeiten zu verringern, beantwortet werden können. Insbesondere bei Markteinführungen von Produkten und Dienstleistungen ist der termingerechte Abschluss von überragender Bedeutung. Eine Verzögerung der Markteinführung kann mit dem Verlust der Innovationsführerschaft und geringeren Gewinnen für das Unternehmen einhergehen.[220] Die Prozessbeschleunigungskosten stellen somit die Opportunitäten zu den oben genannten Risiken dar.

6.1.3 Quantität

Prozesse grenzen sich von Projekten, als einmalig durchzuführende Aufgabe oder Abläufe, durch ihren repetitiven Charakter, also sich stets wiederholende Tätigkeiten und Aufgaben ab.[221] Bei der Betrachtung der Quantität von Prozessen ist daher zu betrachten, wie häufig Wiederholungen des Prozesses auftreten.

Mit zunehmender Prozesshäufigkeit sind Einsparungsmöglichkeiten der Kosten aufgrund von Skalen- oder Verbundvorteilen (economies of scale and scope) zu erwarten.[222]

Skaleneffekte resultieren aus den Spezialisierungsvorteilen (economies of scale), die in einer ansteigenden Lernkurve bei stetig repetitiven Aufgaben durch die Mitarbeiter festzustellen sind.[223] Die wesentliche Quelle der Effizienz in der Produktion ist die Spezialisierung, vor allem die Arbeitsteilung in separate Aufgaben.[224] Verbundeffekte sind das Ergebnis der systematischen Zusammenfassung von

---

[219] Vgl. Fischer, D. (2009), S. 136.
[220] Vgl. Krause, H.; Arora, D. (2010), S. 211 ff.
[221] Vgl. Kramp, M. (2011), S. 27.
[222] Vgl. Williamson, O. E. (1990), S. 69.
[223] Vgl. Stöger, R. (2011), S. 114 f.
[224] Vgl. Grant, R.; Nippa, M. (2006), S. 248.

Einzelaktivitäten zu einer Gesamtwirkung, die in Summe größer ist als die Addition der Einzelleistungen.[225]

Skalen- und Verbundeffekte erschweren die detaillierte Kosten-Nutzen-Betrachtung, da insbesondere der Nutzen nicht aus einer unreflektierten Betrachtung der einzelnen Informationen abgeleitet und monetär bewertet werden kann. Während die Kosten detailliert aufgeschlüsselt vorliegen, sind die Skalen- und Verbundeffekte nur durch eine retrospektive Betrachtung ermittelbar, was die Planungsgenauigkeit beeinträchtigt.[226]

Demnach ermöglicht eine hohe Häufigkeit oder Quantität eines Prozesses, abhängig von der gewählten Organisationsform, eine kostengünstigere Durchführung des Prozesses im Vergleich zu einem nur unregelmäßig vorkommenden Prozess. Unregelmäßig vorkommende Prozesse sind demnach zu identifizieren und nach Möglichkeit, zum Ausschöpfen der Skaleneffekte, zu bündeln.

6.1.4 Qualität

Der Qualitätsbegriff wurde bereits im Kapitel 6 näher betrachtet und soll an dieser Stelle nochmals unter dem Aspekt der Prozessqualität aufgegriffen werden. Im Rahmen des Prozessmanagements definiert Posluschny „Qualität als die Einhaltung vorher festgelegter Prozessspezifikationen bzw. die Fähigkeiten eines Prozesses, diese Erfordernisse zu erfüllen".[227]

Bestimmt sich die Größe eines Prozesses aus den Determinanten Zeit, Kosten und Qualität, sind die Qualitätsindikatoren so zu definieren, dass zu den erfassten Prozesszeiten und den während der Leistungserstellung auftretenden Fehlern ein entsprechender Messwert zum Output vorliegt. Die Outputqualität sollte in einer Norm definiert werden, die mit den internen und externen Kunden gemeinsam definiert wird. Neben einer Fehlerdefinition soll darin das zu erreichende Qualitätsniveau eindeutig festgelegt werden.[228]

Von einer hohen Prozessqualität kann aus interner Perspektive nur dann gesprochen werden, wenn das beabsichtigte Prozessergebnis mit hoher oder großer Wahrscheinlichkeit bei einem ersten Prozess-

---

[225] Vgl. Vahs, D. (2012), S. 586.
[226] Vgl. Coenenberg, A. et al. (2009), S. 217.
[227] Posluschny, P. (2012), S. 118.
[228] Vgl. Seghezzi, H. et al., S. 54.

vollzug mit dem geringstmöglichen Input erzielt wurde.[229] Eine hohe Prozessqualität geht einher mit einem hohen Prozesswirkungsgrad, welcher aus dem Verhältnis der abgeführten Leistung (Output) zu der zugeführten Leitung (Input) steht.[230]

Prozesse, die nur unter Einbindung von Kunden vollzogen werden können, wie bestimmte Dienstleistungsprozesse[231], können nur bedingt vom Unternehmen beherrscht werden. Die Outputnorm ist nicht eindeutig zu definieren, so dass ein fehlender Erfolg nicht ausschließlich auf die Fehlerhaftigkeit des Dienstleistungsprozesses zurückzuführen ist.[232]

6.2 Zielkonflikte zwischen Zeit, Kosten und Qualität

Bei der Betrachtung von Prozessen anhand des Zeit-Kosten-Qualitätsdreiecks wird unterstellt, dass sich jeder Prozess in den drei genannten Dimensionen beschreiben, analysieren und beurteilen lässt.

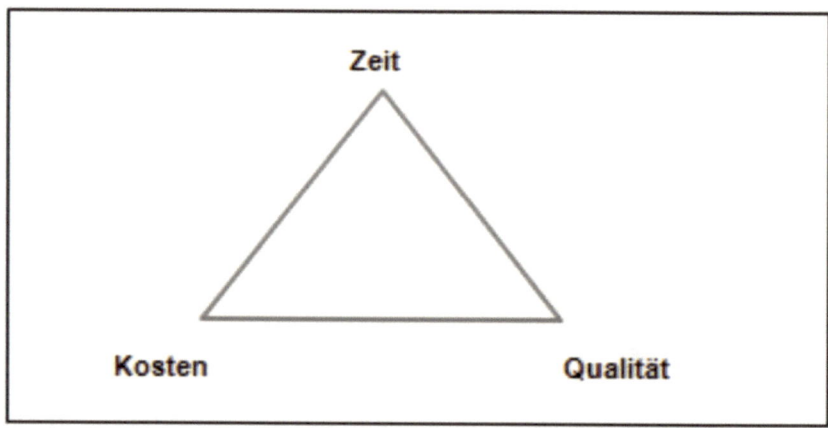

Quelle: Eigene Darstellung in Anlehnung an Osterloh, M.; Frost, J. (2006), S. 17.
Abbildung 3: Zeit-Kosten-Qualitäts-Dreieck

---

[229] Posluschny, P. (2012), S. 118.
[230] Vgl. Herrmann, J.; Fritz, H. (2011), S. 108.
[231] Siehe Kapitel 5.3 zur Integration des externen Faktors bei Dienstleistungsprozessen.
[232] Vgl. Posluschny, P. (2012), S. 118.

Die Qualitätsdimension betrifft den Kunden (intern wie extern) und die anvisierten Resultate. Die Zeitdimension bezieht sich auf die Leistungsfähigkeit des Prozesses bezogen auf die vom Kunden geforderte, wettbewerbsrelevante Zeit. Die Kosten beziehen sich auf die eingesetzten Ressourcen im Prozess.[233]

Hierbei ist zu beachten, dass die Ziele in einer konfliktären Beziehung zueinander stehen. Die drei Dimensionen Zeit, Kosten und Qualität werden nicht alle gleichzeitig zu erreichen sein. Für das Unternehmen ist es relevant, die ausgewogene Balance zwischen den einzelnen Dimensionen mit ihren Zielen zu erreichen und keine Zielantinomie, also einen Zustand in dem die Erfüllung eines Ziels nur unter Verzicht auf ein anderes Ziel möglich ist, herbeizuführen.[234]

6.3 Prozessbenchmarking durch die Dimensionen Zeit, Kosten, Qualität

Mit der Beurteilung von Zeit, Kosten und Qualität liegt eine Basis für das Benchmarking mit anderen Unternehmen auf Ebene der Prozesse vor. Pro Prozess oder Prozessschritt kann mit diesen Kriterien geprüft werden, wo eine jeweils qualitativ bessere, schnellere oder produktivere Prozessalternative existiert. Dies kann bei unmittelbaren Konkurrenten oder auch bei branchenfremden Unternehmen der Fall sein, die in dem jeweiligen Prozess eine optimale Leistung anbieten.[235]

Grundvoraussetzung für das Benchmarking ist, dass Ziele und Kennzahlen immer auf konkrete Prozesse herunter gebrochen sind. Im Rahmen einer Prozessanalyse ist ein einheitliches Verständnis für die Prozessdefinitionen und den Umfang der Prozesse herzustellen.[236]

Im Benchmarking erhobene Daten sollten regelmäßig überprüft und das Benchmarking wiederholt werden. Dadurch sind Fehlentwicklungen schneller erkennbar und die Gefahr, den Anschluss an Wettbewerber oder den komparativen Vorteil vor den Wettbewerbern zu verlieren, wird verringert.[237]

---

[233] Vgl. Stöger, R. (2011), S. 118.
[234] Vgl. Macharzina, K.; Wolf, J. (2010), S. 212 f.
[235] Vgl. Stöger, R. (2011), S. 118.
[236] Vgl. Botti, J. (2011), S. 191.
[237] Vgl. Botti, J. (2011), S. 196.

6.4 Zwischenergebnis

Aus prozessorganisatorischer Sicht ist die Zeitdauer eines Prozesses von Interesse. Die Summe von Bearbeitungs-, Transport- und Liegezeit ergibt die Durchlaufzeit eines Prozesses.[238]

Das Ermitteln von Kosten setzt eine ausgiebige Analyse der Prozesse und der Kostentreiber voraus. Eine kontinuierliche Messung von Prozesskosten bedarf der Abbildung der Kosten in einem Kostenrechnungssystem. Die Kenntnis der Kosten und Kostentreiber ermöglicht eine Prozessbewertung und liefert den Input für eine Prozesssteuerung.

Mit zunehmender Quantität der Prozesse, also einer zunehmenden Prozesshäufigkeit, sind Einsparpotenziale in Form von Skalen- und Verbundeffekten (economies of scale and scope) zu erwarten.[239]

Unter Prozessqualität wird „die Einhaltung vorher festgelegter Prozessspezifikationen bzw. die Fähigkeit [...] diese Erfordernis zu erfüllen", verstanden.[240] Eine hohe Prozessqualität geht somit einher mit einem hohen Prozesswirkungsgrad, welcher aus dem Verhältnis der abgeführten Leistung (Output) zu der zugeführten Leitung (Input) steht.[241]

Die Dimensionen Zeit, Kosten und Qualität stehen in einer konfliktären Beziehung zueinander und sind daher nicht alle gleichzeitig zu erreichen.

Die Beurteilung von Prozessen nach Zeit, Kosten und Qualität liefert die Grundlage für das Benchmarking an deren Organisationseinheiten oder Unternehmen.

---

[238] Vgl. Fischermanns, G. (2012), S. 245.
[239] Vgl. Williamson, O. E. (1990), S. 69.
[240] Posluschny, P. (2012), S. 118.
[241] Vgl. Herrmann, J.; Fritz, H. (2011), S. 108.

7. Instrumente zur Bewertung von Prozessen

7.1 Anforderungen an Instrumente zur Prozessbewertung

Das Ziel einer Prozessbewertung liegt darin, den Beitrag eines Prozesses zur Leistungserstellung eines Unternehmens bzw. seinen Anteil an den entstandenen Kosten zu ermitteln. Hierzu benötigt die Unternehmensleitung Informationen über ablaufende und geplante Prozesse, um sie anschließend einer absoluten Bewertung oder aber einer relativen Bewertung im Rahmen eines Prozessvergleichs zu unterziehen.[242] Dazu sind die oben beschriebenen Determinanten Zeit, Kosten und Qualität zu isolieren.

Prozesse und Kapazitäten zur Erstellung von Prozessen sind die entscheidenden Einflussgrößen für den Verbrauch der Produktionsfaktoren und den damit einhergehenden Kosten. Ein Prozessmanagement muss demnach darauf abzielen, Prozesse mit der größtmöglichen Wirtschaftlichkeit zu erfüllen. Das setzt voraus, dass eine Bewertung sowohl input- als auch output-orientiert erfolgen sollte, d. h. sowohl die Kosten- als auch die Nutzenmaßstäbe beinhaltet.[243]

Ein Informationsinstrument, das sich an seinem Empfänger orientiert, unterstützt mit seinen Daten konkrete Entscheidungssituationen im Unternehmen. Die Daten des Informationsinstruments müssen entscheidungsrelevant für die Unternehmensleitung sein. Hierzu müssen sie[244]:

- Entscheidungsspezifisch sein, d. h. allein und konkret dem Entscheidungsobjekt zugeordnet werden können,
- Veränderbar sein, d. h. sich mit der Variation des Entscheidungsobjektes verändern,
- Zukünftige Entscheidungen unterstützen können und
- Dem Prinzip der Informationsökonomie gehorchen, d. h. die Kosten der Informationsgewinnung dürfen nicht höher sein als der Nutzen, der aus diesen Informationen gewonnen werden kann.

Nachfolgend werden mit den Prozesskennzahlen als controllingorientiertes Instrument und der Prozesskostenrechnung als kosten-

---
[242] Vgl. Posluschny, P. (2012), S. 93 f.
[243] Vgl. Knuppertz, T.; Feddern, U. (2011), S. 138 ff.
[244] Posluschny, P. (2012), S. 95.

rechnerisches Instrument zwei Instrumente zur Bewertung von Prozessen näher vorgestellt.

7.2 Prozesskennzahlen als controlling-orientiertes Instrument

Für eine optimale Steuerung der Geschäftsprozesse ist hierzu ein entsprechendes Kontrollsystem mit Prozesskennzahlen und Kontrollpunkten zu implementieren.[245] In der Literatur herrscht Einigkeit darüber dass die Prozesskennzahlen einen wesentlichen Bezug zu den oben skizzierten Determinanten Qualität, Quantität, Zeit und den Kosten des betrachteten Prozesses haben sollen. Mithilfe dieser Kennzahlen besteht jedoch nur die Möglichkeit, den derzeitigen Zustand eines Prozesses zu quantifizieren. Um eine Aussage über die Abweichungen oder den Verbesserungsfortschritt eines Prozesses treffen zu können, ist es notwendig, die Entwicklung der Kennzahlen über einen längeren Zeitraum zu beobachten.[246]

Ein wichtiger Aspekt bei der Erhebung von Kennzahlen ist die Informationsökonomie. Eine permanente Ist-Daten-Ermittlung liefert zwar die validesten Daten, geht aber mit gesteigerten Personal- und Sachkosten bei der Erhebung einher. Relevant für die Personal- und Sachkosten ist die gewählte Erhebungsmethodik, da damit Vorgehensweise, Frequenz, sowie personelle und technische Anforderungen festgelegt werden.[247]

Bei einer großen Anzahl von Kennzahlen handelt es sich um absolute Kennzahlen, die konkrete Ausprägungen einer Größe messen. Solche Kennzahlen sind bspw. die Anzahl fehlerfreier Produkte oder erbrachter Dienstleistungen. Durchlaufzeiten, die in Stunden oder Minuten gemessen werden, sind ebenfalls absolute Kennzahlen. Aber auch physikalische Größen wie Gewichte oder Längen können zur Beurteilung herangezogen werden.[248]

Neben den absoluten Kennzahlen können auch relative Kennzahlen ermittelt werden, bei denen zwei Größen zueinander in Beziehung gesetzt werden. Einfacher zu ermitteln sind die absoluten Kennzah-

---

[245] Vgl. Corsten, H. (1997), S. 38.
[246] Vgl. Kamiske, G. (2012), S. 356.
[247] Vgl. Fischermanns, G. (2012), S. 379 f.
[248] Vgl. Schmelzer, H.; Sesselmann, W. (2001), S. 133 f.

len. Durch relative Kennzahlen können unterschiedliche Prozesse miteinander verglichen werden.[249]

Unter Berücksichtigung der Informationsökonomie liefert ein kontinuierliches Prozessmonitoring die genauesten und aktuellsten Ist-Informationen über Prozesskennzahlen. Beim Prozessmonitoring werden Daten in der Laufzeit des realen Prozesses kontinuierlich, vollständig und automatisiert erhoben.[250] Dies erfordert jedoch spezifische Investitionen in die Infrastruktur zum Aufbau eines EDV-basierten Monitorings. Das EDV-basierte Informationssystem muss in der Lage sein, Informationen zu den Abläufen der Prozesse, zur Koordination der Prozesse untereinander und zu den jeweiligen Ständen der Prozesse (in Form von Meilensteinen) liefern. Idealerweise aggregiert das Informationssystem die vorliegenden Informationen und unterstützt durch vorgegebene, alternative Ausführungspfade die Anwender bei der Entscheidungsfindung.[251]

Bei der Festlegung der detaillierten Prozesskennzahlen sind als weitere Aspekte die strategische Ausrichtung des Unternehmens und das Geschäftsfeld zu berücksichtigen, in dem das Unternehmen tätig ist.[252]

---

[249] Vgl. Kamiske, G. (2012), S. 357.
[250] Vgl. Fischermanns, G. (2012), S. 382.
[251] Vgl. Faerber, M. (2010), S. 70 f.
[252] Vgl. Corsten, H. (1997), S. 39.

Prozesse	Kennzahlen
Fertigungsprozesse	• Anzahl fehlerfreier Produkte • Durchlaufzeit • Auslastungsgrad • Maschinenverfügbarkeit
Absatzprozesse	• Zeit für Auftragsbearbeitung • Anzahl termingerechter Aufträge • Lieferzeit • Kundenzufriedenheitsindex
Entwicklungsprozesse	• Produktbewertung durch den Kunden • Einhalten der Meilensteine • Dauer zur Marktreife • Entwicklungskosten
Verwaltungsprozesse	• Anzahl unbesetzter Stellen • Zeit/Kosten für Gehaltsabrechnungen • Fehlerhafte Gehaltsabrechnungen

Quelle: Kamiske, G. (2012), S. 358.
Tabelle 1: Übersicht ausgewählter Prozesskennzahlen

7.3 Prozesskostenrechnung als kostenrechnerisches Instrument

Kosten dienen dazu, betriebliche Leistungen monetär zu bewerten und Schwachstellen in der Leistungserstellung zu erkennen. In allen Unternehmen finden sich, letztlich auch durch den Zwang zu Jahresabschlüssen, Kosteninformationen in der Kostenrechnung. Dadurch können alle Beteiligten in Prozessen regelmäßig und situationsbezogen aussage- und entscheidungsunterstützende Kosteninformationen erhalten.[253] Damit die prozessbezogene Kostenrechnung auch sinnvoll eingesetzt werden kann, muss die möglichst vollständige Verfügbarkeit der genannten Informationen in einem tragfähigen Ansatz mit einer Kostenarten-, Kostenstellen- und Kostenträgerrechnung gewährleistet sein.

---

[253] Vgl. Knuppertz, T.; Feddern, U. (2011), S. 140.

Quelle: Eigene Darstellung in Anlehnung an Knuppertz, T.; Feddern, U. (2011), S. 142.
Abbildung 4: Prozesskostenrechung - Überblick der Bestandteile

Die Aussagekraft der Kosten hängt wesentlich von dem angewandten Kostenrechnungssystem ab. Ziel der Prozesskostenrechnung ist eine möglichst verursachungsgerechte Zurechnung der Kosten in Abhängigkeit von den beanspruchten Ressourcen.[254] Die traditionelle Kostenrechnung auf Basis von Vollkosten wird dem Verursachungsprinzip nur teilweise gerecht, da hierbei alle entstehenden Kosten auf die Kostenstellen und die Kostenträger verrechnet. Die Schlüsselung ist oft willkürlich und daher problematisch, da keine abschließende Transparenz über die tatsächlich eingesetzten Ressourcen besteht. In der Praxis wird daher zunehmend die Teilkostenrechnung eingesetzt, bei der die eigentlichen Kosten der Kostenträger, also die direkt zurechenbaren Einzelkosten transparent gemacht werden. Auf eine Schlüsselung der Gemeinkosten wird verzichtet und diese separat betrachtet.[255] Horvath deutet darauf hin, dass es bei der Prozesskostenrechnung weniger um eine verursachungsgerechte Verteilung der Gemeinkosten geht, als vielmehr um

---

[254] Vgl. Schmelzer, H.; Sesselmann, W. (2001), S. 154.
[255] Vgl. Fischermanns, G. (2012), S. 260.

„einen neuen Managementansatz zur Beherrschung der nach wie vor wachsenden Gemeinkosten geht".[256]

Die Prozesskostenrechnung (auf Basis der Teilkostenrechnung) liefert somit nicht nur verursachungsgerechtere Ergebnisse, sondern unterstützt auch das prozessuale Vorgehen, indem sie die Verbindung zwischen Prozessleistungen, Ressourcenverbrauch und wirtschaftlichem Ergebnis herstellt.[257]

Die Prozesskostenrechnung ermöglicht eine horizontale Betrachtung des Unternehmens, bei der, der durch den Taylorismus bedingten Zerschneidung der Abläufe entgegengewirkt wird und die kostenstellenbezogene Wirtschaftlichkeitskontrolle der Gemeinkostenbereiche prozessorientiert erfolgt.[258] Hauptanliegen der Prozesskostenrechnung ist es, Kostentreiber im wachsenden Gemeinkostenblock zu analysieren und diesen entgegenzuwirken. Durch die Berücksichtigung der Abhängigkeiten zwischen einzelnen Abteilungen, beruhend auf die tayloristische Form der Arbeitsteilung, soll insgesamt eine Ergebnisverbesserung ermöglicht werden.[259]

Anwendungsraum der Prozesskostenrechnung war ursprünglich der administrative Teil von Industrieunternehmen. Sie kann jedoch auch auf Dienstleistungsunternehmen angewandt werden. Hier ist die Verbindung zwischen den am Markt erzielbaren Preisen und den eingesetzten Ressourcen besonders transparent, da die Personalkosten in Dienstleistungsorganisationen meist den größten Kostenblock darstellen. Damit Unternehmen im Dienstleistungssektor mittelfristig überleben können, müssen Sie am Markt mindestens die Preise realisieren können, die die Prozesskosten decken. Umgekehrt bedeutet dies bei am Markt vorgegebenen Preisen, dass die Prozesskosten entsprechend anzupassen sind.[260]

Die Prozesskostenrechnung zielt darauf ab, repetitive, strukturierte Abläufe abzubilden. Sie eignet sich nicht für die Untersuchung innovativer und dispositiver Tätigkeiten, da diese Tätigkeiten von Fall zu Fall unterschiedlich ausfallen und demzufolge keine mengenmäßigen Wiederholungen zu beobachten sind. Somit ermöglicht die Pro-

---

[256] Horvath, P. (1993), S. 613.
[257] Vgl. Schmelzer, H.; Sesselmann, W. (2001), S. 155.
[258] Vgl. Belkin, V. (2011), S. 76 f.
[259] Vgl. Posluschny, P. (2012), S. 99 f.
[260] Vgl. Fischermanns, G. (2012), S. 258.

zesskostenrechnung eine plausible Bewertung von Prozessen, wenn es sich um abgegrenzte und repetitive Tätigkeiten handelt.[261]

7.4 Balanced Scorecard

Das Konzept der Balanced Scorecard (BSC) wurde 1992 von Robert Kaplan und David Norton entwickelt und geht auf die Veröffentlichung „The Balanced Scorecard – Measures that Drive Performance" zurück.[262] Ausgangspunkt für das Konzept war die Kritik an der starken finanziellen Ausrichtung US-amerikanischer Managementsysteme. Um die gesamte Wertschöpfung eines Unternehmens adäquat beurteilen zu können, sollte die einseitige monetäre Orientierung relativiert und durch finanzielle und nicht finanzielle Messgrößen erweitert werden.[263]

Die klassische Balanced Scorecard nach Kaplan und Norton berücksichtigt vier Perspektiven mit den jeweils dahinterstehenden Fragestellungen[264]:

- **Finanzperspektive (financial perspective):** Welche Zielsetzungen leiten sich aus den finanziellen Erwartungen unserer Kapitalgeber ab?

- **Kundenperspektive (customer perspective):** Welche Ziele sind hinsichtlich Struktur und Anforderungen unserer Kunden zu setzen, um unsere finanziellen Ziele zu erreichen?

- **Interne Prozessperspektive (internal-business-process perspective):** Welche Ziele sind hinsichtlich unserer Prozesse zu setzen, um die Ziele der Finanz- und Kundenperspektive erfüllen zu können?

- **Lern- und Entwicklungsperspektive (learning and growth perspective):** Welche Ziele sind hinsichtlich unserer Potenziale zu setzen, um den aktuellen und zukünftigen Herausforderungen gewachsen zu sein?

Sowohl die Ziele als auch die Kennzahlen und strategischen Maßnahmen werden jeweils einer Perspektive zugewiesen. Dadurch wird der Tatsache Rechnung getragen, dass der Erfolg eines Unter-

---

[261] Vgl. Posluschny, P. (2012), S. 101.
[262] Vgl. Alter, R. (2011), S. 299.
[263] Vgl. Horvath & Partners (2007), S. 1.
[264] Vgl. Körnert, J. (2003), S. 28 ff.

nehmens nicht nur aus finanziellen Quellen resultiert, sondern dass mehrere strategische Orientierungen existieren. Daher wird die BSC häufig als ein Management-System zur strategischen Führung des Unternehmens mit Kennzahlen bezeichnet.[265]

Die strategischen Entscheidungen sollen ohne einseitige Betonung der inhaltlichen und zeitlichen Dimensionen erfolgen und somit eine Steuerung der eigentlichen beeinflussbaren Faktoren ermöglichen. Die ausgewählten Kennzahlen stellen eine Balance zwischen den extern orientierten Perspektiven (Kunden- und Finanzperspektive), sowie den internen Erfolgsmessgrößen (Interne Prozess- und Lern- und Entwicklungsperspektive) dar.[266] Durch den stetigen Abgleich hinsichtlich positiver Auswirkungen auf die festgelegten Kennzahlen kann die Wirksamkeit der strategischen Entscheidungen überprüft werden.[267]

Die BSC spiegelt durch die verschiedenen Perspektiven einen Ansatz eines Stakeholder-orientierten Kennzahlensystems wider, welches die verschiedenen Erwartungen und Ziele einpreist.[268] Bei dem Stakeholder-Ansatz werden die relevanten Interessensgruppen (Kunden, Lieferanten, Eigentümer, Mitarbeiter, Fiskus, Politik, Öffentlichkeit, Gewerkschaften, etc.) benannt und deren Erwartungen an das Unternehmen dokumentiert. Das Unternehmen hat dann die Aufgabe, all diese häufig konfliktären Ziele möglichst optimal zu erfüllen bzw. in Einklang zu bringen.[269] Die Perspektiven der Balanced Scorecard berücksichtigen die Bedürfnisse wichtiger Stakeholder. Jedoch ist die Logik, die zur Beachtung der Interessen der Anspruchsgruppen führt, eine gänzlich andere. Basierend auf einer Ausgangsperspektive (für privatwirtschaftlich orientierte Unternehmen in aller Regel die Finanzperspektive) werden alle wesentlichen Handlungsfelder bzw. Perspektiven identifiziert, die nötig sind, um die Ziele der Ausgangsperspektive zu erreichen. Abweichend vom Stakeholder-Ansatz stehen die Perspektiven also in einem logischen, teilweise hierarchischen Beziehungsgeflecht zueinander. Dies führt zur Benennung von Perspektiven, die keinen unmittelbaren zielgruppenspezifischen Bezug haben.[270]

---

[265] Vgl. Ehrmann, H. (2002), S. 68 f.
[266] Vgl. Weisner, G. (2003), S. 67.
[267] Vgl. Ahlrichs, F.; Knuppertz, T. (2010), S. 28.
[268] Vgl. Graumann, M. (2011), S. 41.
[269] Vgl. Vahs, D. (2012), S. 301 f.
[270] Vgl. Horvath & Partners (2007), S. 43.

Die Steuerung des Unternehmens erfolgt im Rahmen der BSC durch Kennzahlen. Relevant ist die Festlegung der Zielwerte der Kennzahlen. Die grundsätzliche Herausforderung bei der Bestimmung von Zielwerten besteht in der Findung des Anspruchsniveaus. Zu hohe Zielwerte demotivieren, zu niedrige spornen nicht ausreichend an.[271] Die Zielwerte dienen der Priorisierung. Dies spielt insbesondere bei Zielkonflikten eine große Rolle.[272]

7.5 Institutionenökonomische Bewertung

Die finanziellen Aufwendungen eines Unternehmens für die Bewertung von Prozessen sind den ex-post-Transaktionskosten zuzurechnen. Zu berücksichtigen sind vor allem die Kosten des Betriebs der Kontrollsysteme, die die Transaktionen überwachen sollen.[273] Aus institutionenökonomischer Sicht handelt es sich bei der Bewertung von Prozessen um Qualitätstransaktionen mit dem Ziel der Produktionsplanung und Überwachung und der Beschaffung und Aufbereitung dafür erforderlicher Daten.[274] Diese sind somit bei den Kosten des Betriebs der Organisation zu verorten.

Insbesondere bei der Implementierung sind die spezifischen Investitionen in den Aufbau der Kontroll- und Überwachungssysteme in Relation zum erwarteten Nutzen zu setzen. Ein aussagefähiges Kontroll- und Überwachungssystem wird aufgrund der Komplexität der heutigen Unternehmen nicht ohne entsprechenden EDV-Einsatz zu realisieren sein. Auch Standardsysteme sind im Rahmen des Customizings auf die individuellen Bedürfnisse anzupassen.[275]

Unternehmen stehen somit vor der Abwägung aufgrund hoher spezifischer Investitionen auf den Aufbau eines Kontroll- und Überwachungssystems zu verzichten und dabei zu riskieren, dass wesentliche Informationen zur Prozessqualität, und damit mittelbar einhergehend zur Systemqualität, nicht vorliegen. Einsparungen auf der einen Seite können höhere Kosten für Kulanz, Gewährleistung und Fehlerbeseitigung gegenüberstehen.[276]

---

[271] Vgl. Horvath & Partners (2007), S. 63.
[272] Vgl. Horvath & Partners (2007), S. 64.
[273] Vgl. Williamson, O. E. (1990), S. 325.
[274] Vgl. Richter, R.; Furubotn, E. (1999), S. 53 ff.
[275] Vgl. Faerber, M. (2010), S. 70 ff.
[276] Vgl. Kamiske, G. (2012), S. 5.

Nach den spezifischen Investitionen zur Implementierung eines Prozessmanagements ist insgesamt durch standardisierte Prozesse (Transaktionen) mit einer kontinuierlichen Verbesserung der Prozess- und Systemqualität durch einen kontinuierlichen Verbesserungsprozess zu rechnen. Langfristig ist von positiven Wirkungen auf die unternehmensinternen Transaktionskosten durch sinkende Überwachungs- und Durchsetzungskosten auszugehen.[277]

7.6 Zwischenergebnis

Das Ziel einer Prozessbewertung liegt darin, den Beitrag eines Prozesses zur Leistungserstellung eines Unternehmens bzw. seinen Anteil an den entstandenen Kosten zu ermitteln.

Für eine optimale Steuerung der Geschäftsprozesse ist hierzu ein entsprechendes Kontrollsystem mit Prozesskennzahlen und Kontrollpunkten zu implementieren, welches auf die Determinanten Qualität, Quantität, Zeit und Kosten abstellt. Unter Berücksichtigung der Informationsökonomie liefert ein kontinuierliches Prozessmonitoring die genauesten und aktuellsten Ist-Informationen über Prozesskennzahlen. Beim Prozessmonitoring werden Daten in der Laufzeit des realen Prozesses kontinuierlich, vollständig und automatisiert erhoben.[278]

Die Prozesskostenrechnung (auf Basis der Teilkostenrechnung) liefert somit nicht nur verursachungsgerechtere Ergebnisse, sondern unterstützt auch das prozessuale Vorgehen, indem sie die Verbindung zwischen Prozessleistungen, Ressourcenverbrauch und wirtschaftlichem Ergebnis herstellt.

Das Konzept der Balanced Scorecard (BSC) wurde 1992 von Robert Kaplan und David Norton entwickelt. Es berücksichtigt Maßnahmen und Kennzahlen der Finanz-, der Kunden-, der Prozess- und der Lern- und Entwicklungsperspektive. Dadurch wird der Tatsache Rechnung getragen, dass der Erfolg eines Unternehmens nicht nur aus finanziellen Quellen resultiert, sondern dass mehrere strategische Orientierungen existieren. Die BSC wird häufig als ein Management-System zur strategischen Führung des Unternehmens mit Kennzahlen bezeichnet.

---

[277] Vgl. Klimecki, R.; Gmür, M. (1997), S. 246 f.
[278] Vgl. Fischermanns, G. (2012), S. 382.

Unternehmen müssen bei der Implementierung von Kontroll- und Überwachungssystemen die spezifischen Investitionen mit dem Risiko von nicht vorliegenden Informationen, damit einhergehenden Risiken für die Prozess- und Systemqualität und daraus resultierenden Kosten (Kulanz, Gewährleistung, Fehlerbeseitigung) abwägen.[279]

---

[279] Vgl. Kamiske, G. (2012), S. 5.

8. Strukturen und Prozesse aus der Unternehmensstrategie ableiten

8.1 Die Rolle der Unternehmensleitung in der Strategieableitung

Die Aufgabe der Unternehmensleitung ist die konsequente Ausrichtung des Unternehmens an Umwelt, Zukunft und unternehmensindividueller Besonderheit. Die Unternehmensleitung muss dem Unternehmen eine Einmaligkeitsstellung nach innen und nach außen sichern.[280] Das Ergebnis dieses Strategieprozesses ist die Neudefinition des eigenen Existenzgrundes des Unternehmens und gleichzeitig werden die wichtigsten Schritte auf dem Weg dahin aufgezeigt.[281] Neben der Umsetzung von Qualitäts- und Serviceverbesserungen müssen Unternehmen zur wirtschaftlichen Aufgabenerfüllung effiziente und effektive Arbeitsmethoden einsetzen, um Kostensenkungen und Zeiteinsparungen zu realisieren.[282] Hierzu muss die Unternehmensleitung regelmäßige Entscheidungen über Prozessanpassungen treffen. Die Ablaufstruktur der Prozesse wird den jeweiligen Gegebenheiten angepasst. Positive Wirkungen auf die System- und Prozessqualität und dadurch auf die Produktqualität sind das Ziel.

Die Frage der Neuausrichtung des Unternehmens oder die Ableitung einer neuen oder erweiterten Unternehmensstrategie ist die originäre Aufgabe der Unternehmensleitung. Hierbei handelt es sich um eine nicht delegierbare gemeinschaftliche Führungsleistung der Unternehmensleitung, die in ihrem Kern nicht an Experten, Berater oder interne Stäbe delegiert werden kann.[283] Die Umsetzung der Strategie oder der strategischen Neuausrichtung indes kann an nachgelagerte Hierarchiestufen delegiert werden. Dies bedeutet jedoch, dass wenn ein Großteil der Verantwortung an untergeordnete Hierarchiestufen delegiert wird, die autorisierten Mitarbeiter mit der Verantwortung kompetent umgehen müssen. Dies wiederum erfordert eine ausreichende Managementkompetenz und entsprechende Managementtrainings und unterstützende Systeme für die autorisierten Mitarbeiter.[284]

---

[280] Vgl. Zech, R. (2010), S. 70.
[281] Vg. Nagel, R.; Wimmer, R. (2009), S. 23.
[282] Vgl. Osterloh, M.; Frost, J. (2006), S. 17.
[283] Vg. Nagel, R.; Wimmer, R. (2009), S. 67 f.
[284] Vgl. Kotter, J. (2011), S. 142 f.

Von entscheidender Bedeutung ist die Vermittlung der Unternehmensziele und -strategie an die Mitarbeiter und an die Öffentlichkeit. Realisiert wird dies nur durch eine offene Kommunikation mit den Anspruchsgruppen innerhalb und außerhalb des Unternehmens durch die Unternehmensleitung.[285] Analog zur Strategieableitung sollte diese Aufgabe nicht delegiert werden, um größtmögliche Glaubwürdigkeit der Unternehmensleitung sicherzustellen und den Willen zur Veränderung herauszustellen.[286]

Mit der richtigen, von der Unternehmensleitung vorgegebenen Struktur, einer offenen Kommunikation, den richtigen Systemen und Führungskräften kann die Leistung der Organisation und der Mitarbeiter gesteigert werden.[287]

8.2 Prozessmanagement durch den top-down-und bottom-up-Ansatz

Es ist zu beachten, dass Geschäftsprozesse nur innerhalb eines gesetzten strategischen Rahmens neu ausgerichtet werden können. Vor einer Anpassung der Prozesse ist durch die Unternehmensleitung zu prüfen, ob weiterhin, die an den Kundenbedürfnissen ausgerichtete Vision und die strategischen Ziele erreicht werden können. Bei diesem soll-orientierten Ansatz werden die Prozesse anhand der Unternehmensstrategie abgeleitet. Ausgehend von der zukünftigen Produkt- oder Dienstleistungsausrichtung und den damit verbundenen Kundenbedürfnissen werden zunächst die dafür notwendigen Ausführungsprozesse definiert. Anschließend werden die Führungs- und Unterstützungsprozesse ermittelt, die zur Leistungserstellung erforderlich sind. Dieses soll-orientierte Verfahren wird als top-down-Ansatz bezeichnet, da die auf oberster Ebene der Prozesshierarchie ermittelten Prozesse in weiteren Schritten von oben nach unten in Teilprozesse zerlegt werden.[288]

Beim ist-orientierten Ansatzwerden verschiedene bereits im Unternehmen identifizierte Prozesse, Teilprozesse und Aufgaben zusammengestellt. Die zusammengetragenen Prozesse werden dann nach Kriterien wie Wertschöpfungsbeitrag, ähnliche Prozessart, aufbauorganisatorische Nähe oder technologische Gemeinsamkeiten von

---

[285] Vgl. Welsch, C. (2010), S. 89 f.
[286] Vgl. Weissmann, A. (1991), S. 25 f.
[287] Vgl. Kotter, J. (2011), S. 98.
[288] Vgl. Fischermanns, G. (2012), S. 102 f.

unten nach oben verdichtet. Daher wird der ist-orientierte Ansatz als bottom-up-Ansatz bezeichnet.[289]

Jeder Ansatz des Prozessmanagements bedarf dem Abgleich mit der Unternehmensstrategie und den strategischen Geschäftsfeldern, also dort wo das Geschäft heute und zukünftig stattfindet.[290] Ohne Abgleich mit der Unternehmens- oder Geschäftsfeldstrategie kann ein Prozessmanagement im Hinblick auf eine prozessorientierte Organisation nicht implementiert werden. Jedes Unternehmen besitzt eine Vielzahl von Technologien und Fähigkeiten seiner Mitarbeiter, Produkte und Dienstleistungen zu entwickeln, zu produzieren und zu vertreiben – die ganzheitliche Betrachtung aller Fähigkeiten und Kompetenzen über alle Geschäftsfelder und Geschäftseinheiten hinweg ist Aufgabe des Managements.[291]

Die Argumente sprechen somit dafür, Prozessmanagement als Aufgabe der Unternehmensleitung top-down umzusetzen. So werden bereichsübergreifende Wertschöpfungsketten über die Grenzen von Ressorts und Geschäftseinheiten etabliert.[292] Es wird sichergestellt, dass die Geschäftsprozesse die Erreichung der Geschäftsziele unterstützen. Voraussetzung dafür ist, dass die Geschäftsfeldstrategie mindestens einmal jährlich geplant bzw. aktualisiert wird.[293]

Der Ansatz, das Prozessmodell nur anhand der Strategie zu entwickeln und umzusetzen, wird ohne den Hintergrund des realen Unternehmens, der Branche und der Kundenerwartungen nicht praxistauglich sein.[294] Daher ist zu empfehlen mit der Prozessidentifikation soll-orientiert zu beginnen und im Sinne eines Gegenstromverfahrens im zweiten Schritt das aufgestellte Prozessmodell durch einen ist-orientierten bottom-up-Ansatz auf Vollständigkeit und Realitätsbezug abzugleichen.[295] Daraus resultiert zum Einen eine Bestandsaufnahme aller Prozesse und zum Anderen werden Überschneidungen und Lücken im Prozessmodell mit den tatsächlich vorhandenen Ansätzen und Instrumenten aufgezeigt.[296]

---

[289] Vgl. Fischermanns, G. (2012), S. 103 f.
[290] Vgl. Stöger, R. (2011), S. 60.
[291] Vgl. Becker, J.; Meise, V. (2008), S. 117.
[292] Vgl. Fischermanns, G. (2012), S. 104.
[293] Vgl. Schmelzer, H.; Sesselmann, W. (2001), S. 164 f.
[294] Vgl. Schmelzer, H.; Sesselmann, W. (2001), S. 166 f.
[295] Vgl. Fischermanns, G. (2012), S. 104.
[296] Vgl. Knuppertz, T.; Feddern, U. (2011), S. 47.

Die Visionen und strategischen Ziele des Unternehmens stecken den Rahmen für die Neugestaltung von Geschäftsprozessen ab. Optimierte Prozesse untermauern, die gewählte strategische Ausrichtung des Unternehmens bottom-up.[297]

8.3 Zwischenergebnis

Die Neuausrichtung eines Unternehmens oder die Ableitung einer neuen oder erweiterten Strategie ist eine originäre Aufgabe der Unternehmensleitung, die nicht delegierbar ist. Die Vermittlung der Unternehmensziele und -strategie an die Mitarbeiter und die Öffentlichkeit wird durch eine offene interne und externe Kommunikation der Unternehmensleitung mit den Stakeholdern realisiert.

Prozesse und Prozessziele können top-down oder bottom-up abgeleitet werden. Beim soll-orientierten top-down-Ansatz werden die Ziele aus der Unternehmensstrategie abgeleitet. Der ist-orientierte bottom-up-Ansatz verdichtet bereits identifizierte Prozesse nach vorgegebenen Kriterien, wie bspw. deren Wertschöpfungsbeitrag, deren organisatorische Nähe zueinander, von unten nach oben in einer Prozesslandkarte. Im Rahmen eines Gegenstromverfahrens sollten die Prozesse top-down und bottom-up ermittelt und somit auf Vollständigkeit und Praktikabilität geprüft werden.[298]

---

[297] Vgl. Maier, K.; Laib, P. (1997), S. 102.
[298] Vgl. Fischermanns, G. (2012), S. 102 ff.

9. Produkte und Dienstleistungen aus Kundensicht

9.1 Produkt- und Dienstleistungsvarianten sowie Kundengruppen

In den vorherigen Kapiteln wurden verschiedene Perspektiven von Qualität betrachtet. Für die Bewertung von Qualität ist ein Perspektivenwechsel erforderlich – nicht die Unternehmen bewerten die Qualität ihrer Produkte und Dienstleistungen, sondern der Kunde. Die Kundenzufriedenheit wird zum letztlich relevanten Qualitätsmaßstab.[299] Die wirtschaftliche Bedeutung von Service- und Dienstleistungen hat in den letzten Jahrzenten sehr stark zugenommen. Die Bandbreite und Komplexität von Dienstleistungen hat stark zugenommen und wird weiter ansteigen.[300] Produkte werden heute häufig kombiniert mit Dienstleistungen angeboten. Die Dienstleistung wird zum Mehrwert neben dem eigentlichen Produkt.[301]

Die genaue Abgrenzung zwischen Produkt und Dienstleistung ist daher oft schwierig, da die Grenze zwischen Produkt und Dienstleistung verschwimmt und Dienstleistungen einen hohen Sachleistungsanteil beinhalten.[302] Nach Biermann ist eine Unterscheidung möglich dadurch, dass „ein Dienstleister Tätigkeiten unmittelbar für den Kunden durchführt, während ein Produkthersteller dem Kunden ein Hilfsmittel gibt, mit dem dieser Tätigkeiten auf Dauer selbst abwickeln kann".[303]

Die Ermittlung von Kundenwünschen und ihre Transformation in reale Produkte, Service- und Dienstleistungen sind abhängig vom Angebotsspektrum des Unternehmens. Zu unterscheiden sind[304]:

- Standardisierte Produkte oder Service- und Dienstleistungen: Alle Kunden erhalten identische Leistungen. Es handelt sich um fertige Produkte und Dienstleistungen, die der Kunde aus dem Regal kauft.

- Individualisierte Leistungen: Das Unternehmen bietet Produkte und Dienstleistungen an, die für den Kunden im Einzelfall

---

[299] Vgl. Kamiske, G. (2012), S. 19.
[300] Vgl. Wilhelm, R. (2007), S. 149.
[301] Vgl. Meffert, H.; Bruhn, M. (2009), S. 248 f.
[302] Vgl. Schuh, G.; Gudergan, G. (2007), S. 198.
[303] Biermann, T. (1999), S. 24.
[304] Vgl. Wilhelm, R. (2007), S. 107.

konfiguriert, angepasst oder völlig neu entwickelt werden. Der Kunde erhält speziell auf seine Bedürfnisse zugeschnittene Leistungen.

Zwischen den standardisierten und individuellen Leistungen besteht jedoch ein fließender Übergang. Dies gilt insbesondere für modular aufgebaute Produkte und Dienstleistungen, bei denen der Kunden aus dem gesamten Leistungsspektrum verschiedene Varianten auswählen kann (Mass Customization).[305]

Neben den verschiedenen Varianten der Produkte oder Dienstleistungen ist die anzusprechende Zielgruppe für das jeweilige Produkt zu unterscheiden. Grob lassen sich die Kundengruppen in zwei Kundenarten aufgliedern:[306]

- Die Planung des Produktes oder der Dienstleistung orientiert sich nicht an einem konkreten Kunden, der das Unternehmen kontaktiert hat, sondern es handelt sich lediglich um einen gedachten Kunden als Mitglied einer definierten Zielgruppe.
- Ein real existierender Kunde fordert das Unternehmen zur Leistungserbringung auf. Die konkreten Erwartungen des Kunden an das Produkt oder die Dienstleistung lassen sich im gegenseitigen Kontakt ermitteln.

Entscheidend für das Unternehmen ist es, die Erwartungen der Kunden zu bedienen. Dies wird nur dann erreicht, wenn die Produkte und Dienstleistungen eines Unternehmens mit allen Eigenschaften und Merkmalen den Erwartungen der Kunden entsprechen.[307]

9.2 Bedeutung von interner und externer Kundenerwartung und Kundenzufriedenheit

Um Kundenzufriedenheit zu erreichen, müssen sämtliche Aktivitäten und Prozesse des Unternehmens auf die Wünsche, Anforderungen und Erwartungen ausgerichtet werden. Auf Grundlage der Kundenerwartungen produzieren Unternehmen Produkte und Dienstleistungen, die den Kunden angeboten werden. Die Höhe der Kundenzufriedenheit ergibt sich aus dem Grad der Übereinstimmung von Pro-

---

[305] Vgl. Wilhelm, R. (2007), S. 108.
[306] Vgl. Ivens, B. (2007), S. 434.
[307] Vgl. Bruhn, M. (2008), S. 38.

duktmerkmalen und Kundenerwartungen.[308] Von dieser Übereinstimmung und der daraus abgeleiteten Zufriedenheit hängt es ab, ob die Kunden die Produkte und Dienstleistungen nachfragen. Die Kundenzufriedenheit beeinflusst somit maßgeblich Umsatz, Marktanteil und wirtschaftliches Ergebnis eines Unternehmens.[309] Unternehmen erreichen durch die Prozessorganisation eine höhere Kundenorientierung. Je effizienter, unkomplizierter und gradliniger die Prozesse die Kundenbedürfnisse erfüllen und an der Kundenerwartung ausgerichtet sind, umso erfolgreicher und produktiver ist das Unternehmen.[310]

Alle Prozessketten innerhalb der Unternehmung beginnen stets am Kunden und laufen entlang interner Kunden-Lieferanten-Beziehungen innerhalb der Prozessorganisation wieder zum Kunden zurück.[311]

In der Praxis zeigt sich, dass interne Kunden-Lieferanten-Beziehungen meist weniger intensiv gepflegt werden, wie die Beziehungen zu externen Kunden. Obwohl Mitarbeiter in Unternehmen sowohl interne Kunden, wie auch interne Lieferanten sind, fehlt das einheitliche Verständnis für die innerbetrieblichen Leistungsbeziehungen. Die Ausrichtung auf eine Prozessorganisation unterstützt bei der Definition der internen Kunden-Lieferanten-Beziehung, da alle Lieferanten an ihren Beitrag zur Erfüllung der internen wie externen Kundenerwartung gemessen werden.[312] Dies spiegelt die Qualitätsfähigkeit eines Unternehmens wider, Produkte und Dienstleistungen von gleichbleibender Qualität auf festgelegtem Qualitätsniveau zu erbringen und die Bedürfnisse der relevanten Anspruchsgruppen zu erfüllen.[313]

9.3 Kundenerwartungen ermitteln

Durch eine Prozessorganisation stehen die Kundenerwartungen der externen und internen Kunden im Mittelpunkt. Welche Leistungen benötigt werden, entscheiden nicht mehr die Linienverantwortli-

---

[308] Vgl. Kamiske, G. (2012), S. 19.
[309] Vgl. Schmelzer, H.; Sesselmann, W. (2001), S. 33.
[310] Vgl. Schmelzer, H.; Sesselmann, W. (2001), S. 34.
[311] Vgl. Kamiske, G. (2012), S. 19.
[312] Vgl. Schmelzer, H.; Sesselmann, W. (2001), S. 36.
[313] Vgl. Seghezzi, H. et al., S. 56.

chen, sondern die internen und externen Kunden.[314] Aus diesem Grund ist die systematische Ermittlung der Kundenanforderungen unumgänglich.

Sämtliche Produkte und Dienstleistungen im Unternehmen werden auf Grundlage von Kundenanforderungen erbracht. Dies gilt sowohl für interne wie externe Kunden. Hierzu ist es relevant die Kundengruppe und deren Erwartungen zu ermitteln. Abhängig von der jeweiligen Kundengruppe werden unterschiedliche Erwartungen an die einzelnen Produkte und Dienstleistungen gestellt. Die Kenntnis der Kundenerwartungen ermöglicht dem Unternehmen, die Erwartung nuanciert und zielgerichtet anzugehen. Darüber lässt sich ein hoher Deckungsgrad zwischen den Kundenerwartungen an dem Angebotsverhalten des Unternehmens realisieren. Bei entsprechender Kenntnis der Kundenerwartung werden Fehlinvestitionen in nicht nachgefragte Produkte und Negativreaktionen von Kunden minimiert.[315]

Die Ermittlung der Kundenerwartung ist von der Art der Anbieter und Nachfrager-Situation im jeweilgen Marktfeld erforderlich. Auf Investitionsgütermärkten mit begrenzter Anzahl von Marktpartnern auf der Angebots- und Nachfrageseite und langjährigem persönlichen und vertraglichen Beziehungen sind die Kunden einzeln ansprechbar und die Erwartungen zielgenau aufzunehmen.[316]

Auf Konsumgütermärkten mit einer unüberschaubaren Anzahl von Marktteilnehmern sind personalisierte Ansprachen aller Kunden unmöglich. Hier sind statistische Methoden der Marktforschung anzuwenden.[317] Zur Informationsgewinnung können unternehmensinterne und externe Daten herangezogen werden. Zu den internen Quellen zählen Statistiken über Auftrags-, Absatz- und Umsatzentwicklung, das innerbetriebliche Berichtswesen, Informationen der Mitarbeiter, Informationen über Kontaktwege der Kunden zum Unternehmen oder auch vorhandene Marktstudien. Als wichtige Quellen für Sekundärdaten außerhalb des Unternehmens sind Online-Datenbanken von Informationsdiensten, das Internet, amtliche

---

[314] Vgl. Schmelzer, H.; Sesselmann, W. (2001), S. 43.
[315] Vgl. Bänsch, A. (1998), S. 1 f.
[316] Vgl. Kamiske, G. (2012), S. 20.
[317] Vgl. Kamiske, G. (2012), S. 20.

Statistiken des statistischen Bundesamtes sowie Nachfrageanalysen von Marktforschungsinstituten zu sehen.[318]

Zieht das Unternehmen zur Ermittlung der Kundenerwartung Daten heran, die bereits zu einem früheren Zeitpunkt und für andere oder ähnliche Zwecke zur Verfügung standen, spricht man von Sekundärdaten. Die vorliegenden Informationen werden im Hinblick auf den neuen Informationsbedarf lediglich aufgearbeitet. Werden Daten eigens aus Erhebungen am Markt gewonnen, spricht man von Primärdaten.[319]

9.4 Kundenzufriedenheit ermitteln

Das Maß der Kundenzufriedenheit spiegelt wider, wie gut das Unternehmen den Grad der Kundenerwartungen und -anforderungen mit seinen Produkten und Dienstleistungen erfüllen konnte. Ausschlaggebend für die Kundenzufriedenheit ist also die Wahrnehmung des Kunden.[320] Im Gegensatz zu dem objektiven Qualitätsbegriff, der den Erfüllungsgrad der Anforderungen widerspiegelt, sind die Erwartungen des Kunden und die Kundenzufriedenheit subjektiv.[321]

Die Anforderungen des Kunden an ein neues Produkt oder eine Dienstleistung lassen sich im Vorfeld niemals vollständig festlegen, da der Kunde das gewünschte Produkt nicht umfänglich beschreiben kann und bestimmte Eigenschaften von Produkten als gegeben angenommen werden. Auch werden verschiedene Kunden den Grad der Erfüllung der Anforderungen aus den oben genannten Gründen unterschiedlich bewerten. [322]

Die Kundenzufriedenheit ist somit in einem hohen Maße subjektiv, stellt aber für das Unternehmen einen wesentlichen Faktor für den wirtschaftlichen Erfolg dar.

Ein wesentlicher Indikator für die Kundenzufriedenheit sind Kundenbefragungen. Kundenbefragungen können gezielt und direkt auf bestimmte Merkmale eines Produktes oder einer Dienstleistung ausgerichtet werden. Sie eignen sich besonders für große Stichproben,

---

[318] Vgl. Backhaus, K.; Voeth, M. (2010), S. 158 f.
[319] Vgl. Berekoven et al. (2006), S. 49 ff.
[320] Vgl. Schröder, R. et al. (2007), S. 305 f.
[321] Vgl. Herrmann, J.; Fritz, H. (2011), S. 58.
[322] Vgl. Herrmann, J.; Fritz, H. (2011), S. 58.

da Auswahl und Verarbeitung der Daten automatisiert erfolgen können.

Fragebögen sind das Kernstück einer Kundenbefragung. Entsprechend dem Grad der Standardisierung der Fragen und der Antworten wird unterschieden zwischen standardisierten, teilstandardisierten und offen Befragungen:[323]

- Bei **standardisierten Fragebögen** sind Fragen und Antworten komplett vorgegeben. Daher eignen sie sich besonders für große Stichproben, da die Auswertung automatisiert vorgenommen werden kann.
- **Teilstandardisierte Fragebögen** geben die Fragen vor, bieten dem Befragten aber die Möglichkeit die Antwort frei zu formulieren.
- **Offene Befragungen** beinhalten nur die Aufforderung zur Meinungsäußerung an die Befragten.

Entscheidend für die Qualität und die Auswertbarkeit sind die gestellten Fragen innerhalb der Kundenbefragung. Dabei sollen alle Merkmale des Produktes oder der Dienstleistung beleuchtet werden und die wesentlichen Kriterien aus Sicht des Kunden ausgewählt werden.[324]

Zur Durchführung der Kundenbefragung ist im Vorfeld die Gesamtheit der Analyseobjekte (Personen, Produkte, Dienstleistungen, Geschäftsstätten) festzulegen. Für gesicherte Aussagen über die Gesamtheit der Objekte ist eine Vollerhebung oder eine Teilerhebung möglich. Im Rahmen einer Vollerhebung werden alle Elemente untersucht. Eine Teilerhebung untersucht nur eine bestimmte Auswahl von Elementen.[325]

Bei der Durchführung der Befragung ist auf die Repräsentativität der Kundenauswahl zu achten. Die Auswahl der Befragungsteilnehmer kann zufällig oder aber nicht-zufällig aus einer definierten Stichprobe mit im Vorhinein festgelegten sachrelevanten Merkmalen erfolgen.[326]

---

[323] Vgl. Herrmann, J.; Fritz, H. (2011), S. 67.
[324] Vgl. Herrmann, J.; Fritz, H. (2011), S. 67.
[325] Vgl. Meffert, H. et al. (2012), S. 153.
[326] Vgl. Meffert, H. et al. (2012), S. 153.

Neben den Möglichkeiten der Kundenbefragung kann das Maß der Kundenzufriedenheit auch aus dem Beschwerdemanagement abgeleitet werden. Anzahl und Inhalt der Beschwerden erlauben Rückschlüsse auf die Zufriedenheit der Kunden. Es ist jedoch zu beachten, dass sich nur ein relativ kleiner Kundenkreis mit aktiven Beschwerden an das Unternehmen wenden wird. Ein Großteil der Kunden (ca. 90 %) wird bei Unzufriedenheiten den Anbieter des Produktes oder der Dienstleistung wechseln, ohne aktiv das Unternehmen zu kontaktieren.[327] Die Beschwerderate ist somit ein unmittelbarer Indikator für die Kundenzufriedenheit und ein mittelbarer Indikator für die Produktqualität.[328]

9.5 Zwischenergebnis

Nicht Unternehmen bewerten die Qualität ihrer Produkte und Dienstleistungen sondern der Kunde. Die Kundenzufriedenheit wird zum letztlich relevanten Qualitätsmaßstab. Um Kundenzufriedenheit zu erreichen, müssen sämtliche Aktivitäten und Prozesse des Unternehmens auf die Wünsche, Anforderungen und Erwartungen ausgerichtet werden.

Unternehmen erreichen durch die Prozessorganisation eine höhere Kundenorientierung. Je effizienter, unkomplizierter und gradliniger die Prozesse die Kundenbedürfnisse erfüllen und an der Kundenerwartung ausgerichtet sind, umso erfolgreicher und produktiver ist das Unternehmen.[329] Alle Prozessketten innerhalb der Unternehmung beginnen stets mit dem Kunden und laufen entlang interner Kunden-Lieferanten-Beziehungen innerhalb der Prozessorganisation schließlich wieder zum Kunden zurück.

Abhängig von der jeweiligen Kundengruppe werden gänzlich unterschiedliche Erwartungen an die einzelnen Produkte und Dienstleistungen gestellt. Die Kenntnis der Kundenerwartungen ermöglicht dem Unternehmen die Erwartung nuanciert und zielgerichtet anzugehen.

Das Maß der Kundenzufriedenheit spiegelt wider, wie gut das Unternehmen den Grad der Kundenerwartungen und -anforderungen mit seinen Produkten und Dienstleistungen erfüllen kann. Die Kunden-

---

[327] Vgl. Kamiske, G. (2012), S. 22.
[328] Vgl. Lux, W. (2010), S. 101 f.
[329] Vgl. Schmelzer, H.; Sesselmann, W. (2001), S. 33 f.

zufriedenheit ist in einem hohen Maße subjektiv, stellt aber für das Unternehmen einen wesentlichen Faktor für den wirtschaftlichen Erfolg dar.

Ein wesentlicher Indikator für die Kundenzufriedenheit sind Kundenbefragungen. Bei der Durchführung der Befragung ist auf die Repräsentativität der Kundenauswahl zu achten.

Neben den Möglichkeiten der Kundenbefragung kann das Maß der Kundenzufriedenheit auch aus dem Beschwerdemanagement abgeleitet werden. Anzahl und Inhalt der Beschwerden erlauben Rückschlüsse auf die Zufriedenheit der Kunden.

10. Zusammenfassung und Schlussfolgerungen

Die Schaffung von Institutionen, Organisationen und Organisationsstrukturen erfordern den Einsatz von Ressourcen – man spricht von Transaktionskosten. Die Höhe des Ressourceneinsatzes hängt von Art und Umfang der Transaktion ab. Die Faktorspezifität, die Unsicherheit der Beteiligten und die Häufigkeit einer Transaktion beeinflussen maßgeblich die Höhe der Transaktionskosten.

Die Durchführung eines standardisierten Prozessmanagements bietet Organisationen die Möglichkeit die internen Prozesskosten zu minimieren und die Anforderungen von internen und externen Kunden zu berücksichtigen.

Ein ganzheitlicher Prozessmanagement-Ansatz erfordert von Unternehmen eine veränderte Sicht auf Prozesse, Strukturen und das Verhältnis zu internen und externen Kunden. Durch den Ansatz einer prozessorientierten Aufbauorganisation werden Aufgaben über die funktionalen Grenzen von Stellen und Organisationseinheiten betrachtet.

Die ganzheitliche Betrachtung von Prozessen über Schnittstellen hinweg und die kontinuierliche Verbesserung der internen Prozesse steigert die Prozessqualität und damit mittelbar die Produkt- und die Systemqualität. Durch die Berücksichtigung von Kundenbedürfnissen und -erwartungen gewährleisten Organisationen eine höhere Kundenzufriedenheit und binden Kunden langfristig an das Unternehmen. Die ganzheitliche, prozessorientierte Sicht auf die Organisation und ihre Stakeholder unter Berücksichtigung der Faktoren Qualität, Zeit und Kosten sichert den langfristigen Geschäftserfolg des Unternehmens.

Ein standardisiertes Prozessmanagement hilft somit Unternehmen die Transaktionskosten zu senken. Die Voraussetzungen für ein standardisiertes und kontinuierliches Prozessmanagement sind durch die Unternehmensleitung zu schaffen. Die Unternehmensziele und die -strategie sind durch nachvollziehbare Prozessziele zu operationalisieren und den Mitarbeitern sind Freiräume zur Erledigung ihrer Aufgaben und damit zur Erreichung der Prozessziele zu gewähren.

Das Überwinden einer aufbauorganisatorisch geprägten Denkweise zu einer prozessorientierten Sichtweise auf das gesamte Unternehmen ist Ausdruck einer veränderten Unternehmenskultur. Diese ist durch die Unternehmensleitung vorzuleben.

Die vorgenommene Bewertung des Prozessmanagements unter Berücksichtigung von Transaktionskosten zeigt auf, dass eine kontinuierliche übergeordnete Betrachtung der Prozesse zielführend und wirtschaftlich ist.

Relevant für die Implementierung eines kontinuierlichen Prozessmanagements ist die Fähigkeit einer Organisation bei der Betrachtung von Aufgaben und Prozessen die Grenzen von Stellen und Organisationseinheiten zu überwinden. Gesetzlich untermauert wird diese Anforderung durch den Gesetzgeber und das voraussichtlich zum 1.1.2013 in Kraft tretende E-Government-Gesetz. Zur Sicherstellung der elektronischen Verwaltungsverfahren der staatlichen Institutionen sind die Kerngeschäftsprozesse entlang der Wertschöpfungskette der eigenen internen Abläufe und der Abläufe von internen und externen Lieferanten und Kunden auszurichten. Dies erfordert sowohl eine zeitnahe Schaffung der infrastrukturellen Voraussetzungen, wie auch eine prozessorientierte Sichtweise auf die eigenen Kerngeschäftsprozesse. Die Implementierung eines standardisierten und kontinuierlichen Prozessmanagements bietet hierfür die Grundlage.

Prozessmanagement in Hinblick auf einen kontinuierlichen Verbesserungsprozess unterliegt verschiedenen Einflussfaktoren. Verbesserungspotenziale werden durch die Unternehmensleitung, die Führungskräfte und Mitarbeiter und letztlich durch die Kunden aufgezeigt. Eine offene Unternehmenskultur ermöglicht Fehlentwicklungen rechtzeitig zu erkennen im Unternehmen aufzugreifen. Eine standardisierte Auswertung des Beschwerdemanagements lässt Rückschlüsse auf die Kundenzufriedenheit zu und zeigt die von Kunden wahrgenommenen Abweichungen von ihren Erwartungen auf.

Die institutionenökonomische Betrachtung der Transaktionskosten und des Prozessmanagements zeigt, dass durch einen etablierten kontinuierlichen Verbesserungsprozess sowohl die Produkt-, wie auch die Prozess- und Systemqualität gesteigert werden können. Langfristig sinken die unternehmensinternen Transaktionskosten durch effizientere Prozesse bei der Erstellung von Produkten und Dienstleistungen. Durch die Ausrichtung von Prozessen an den Bedürfnissen und Erwartungen der internen und externen Kunden wird durch das Prozessmanagement die Kundenbeziehung gefestigt und eine höhere Kundenorientierung des Unternehmens erreicht.

Literaturverzeichnis

Ahlrichs, F.; Knuppertz, T. (2010): Controlling von Geschäftsprozessen. Prozessorientierte Unternehmenssteuerung umsetzen, 2. Aufl., Schäffer-Poeschel, Stuttgart, 2010.

Al-Laham, A. (2003): Organisationales Wissensmanagement: eine strategische Perspektive, Vahlen, München, 2003.

Alter, R. (2011): Strategisches Controlling. Unterstützung des strategischen Managements, Oldenbourg, München, 2011.

Amelung, V. E. (2007): Managed Care – Neue Wege im Gesundheitswesen, 4. Aufl., Gabler, Wiesbaden, 2007.

Arrow, K. (1985): The Economics of Agency, in: Pratt, J. W.; Zeckhauser, R., Principals and Agents, Harvard Business School Press, S. 1-38, Boston, 1985, zitiert nach: Amelung, V. E.(2007): Managed Care – Neue Wege im Gesundheitswesen, 4. Aufl., Gabler, Wiesbaden, 2007.

Arrow, K. (1969): The organization of economic activity: Issues pertinent to the choice of market versus nonmarket allocation, zitiert nach: Williamson, Oliver E. (1990): Die ökonomischen Institutionen des Kapitalismus: Unternehmen, Märkte, Kooperationen, aus dem amerik. Übers. Von Monika Streissler, Tübingen, Mohr, 1990.

Backhaus, K.; Voeth, M. (2010): Industriegütermarketing, 9. Aufl., Vahlen, München, 2010.

Bänsch, A. (1998): Käuferverhalten, 8. Aufl., Oldenbourg, München, 1998.

Baum, H.; Coenenberg, A.; Günther, T. (2007): Strategisches Controlling, 4. Aufl., Schäffer-Poeschel, Stuttgart, 2007.

Becker, J.; Kahn, D. (2008): Der Prozess im Fokus, in: Becker, J.; Kugeler, M.; Rosemann, M. (Hrsg.): Prozessmanagement: Ein Leitfaden zur prozessorientierten Organisationsgestaltung, 6. Aufl., Springer, Berlin, 2008.

Becker, J.; Meise, V. (2008): Strategie und Ordnungsrahmen, in: Becker, J.; Kugeler, M.; Rosemann, M. (Hrsg.): Prozessmanagement: Ein Leitfaden zur prozessorientierten Organisationsgestaltung, 6. Aufl., Springer, Berlin, 2008.

Behjat, S. (2007): Prozessmanagement in der Verwaltung. Shared Services in der Verwaltung durch Gestaltung von Wertschöpfungsprozessen, VDM-Verlag, Saarbrücken, 2007.

Belkin, V. (2011): Multikriterielles Controlling von Geschäftsprozessen. Prozessverbesserung mit Hilfe der dynamischen Simulation, Eul-Verlag, Lohmar, 2011.

Ben-Porath, Y. (1980): The F-connection: Families, friends and firms and the other organizations of exchange, Population and Development Review, 6, S. 1., zitiert nach: Williamson, Oliver E. (1990): Die ökonomischen Institutionen des Kapitalismus: Unternehmen, Märkte, Kooperationen, aus dem amerik. Übers. Von Monika Streissler, Tübingen, Mohr, 1990.

Benkenstein, M.; Steiner, S.; Spiegel, T. (2007): Die Wertkette in Dienstleistungsunternehmen, in: Bruhn, M.; Stauss, B. (Hrsg.): Wertschöpfungsprozesse bei Dienstleistungen, Gabler, Wiesbaden, 2007.

Berekoven, L.; Eckert, W.; Ellenrieder, P. (2006): Marktforschung: Methodische Grundlagen und praktische Anwendung, 11. Aufl., Gabler, Wiesbaden, 2006.

Biermann, T. (1999): Dienstleistungs-Management, Oldenbourg, München, 1999.

Botti, J. (2011): Benchmarking als Instrument der kontinuierlichen Prozessoptimierung, in: Horvath, P. (Hrsg.): Exzellentes Controlling, exzellente Unternehmensleistung. Best Practice und Trends im Controlling, Schäffer-Poeschel, Stuttgart, 2011.

Brüggemann, H.; Bremer, P. (2012): Grundlagen Qualitätsmanagement: von den Werkzeugen über Methoden zum TQM, Springer, Wiesbaden, 2012.

Bruhn, M. (2008), Qualitätsmanagement für Dienstleistungen: Grundlagen, Konzepte, Methoden, 7. Aufl., Gabler, Wiesbaden, 2008.

Coenenberg, A.; Fischer, T.; Günther, T. (2009): Kostenrechnung und Kostenanalyse, 7. Aufl., Schäffer-Poeschel, Stuttgart, 2009.

Corsten, H. (1997): Geschäftsprozessmanagement: Grundlagen, Elemente und Konzepte, in: Corsten, H. (Hrsg.): Management von Geschäftsprozessen: theoretische Ansätze, praktische Beispiele, Kohlhammer, Stuttgart, 1997.

Corsten, H.; Gössinger R. (2009): Produktionswirtschaft: Einführung in das industrielle Produktionsmanagement, 12. Aufl., Oldenbourg, München, 2009.

Ehrmann, H. (2002): Unternehmensplanung, 4. Aufl., in: Olfert, K. (Hrsg.): Kompendium der praktischen Betriebswirtschaft, Kiehl, Ludwigshafen, 2002.

Engelhardt, W.; Kleinaltenkamp, M.; Reckenfelderbäumer, M. (1992): Dienstleistungen als Absatzobjekt, Bochum, 1992.

Eschenbach, R.; Siller, H. (2011): Controlling professionell. Konzeption und Werkzeuge, 2. Aufl., Schäffer-Poeschel, Stuttgart, 2011.

Faerber, M. (2010): Prozessorientiertes Qualitätsmanagement. Ein Konzept zur Implementierung, Gabler, Wiesbaden, 2010.

Fischer, D. (2009): Controlling. Balanced Scorecard, Kennzahlen, Prozess- und Risikomanagement. Ein Handbuch für die Praxis, Vahlen, München, 2009.

Fischermanns, G. (2012): Praxishandbuch Prozessmanagement, ibo Schriftreihe Organisation, Band 9, Schmidt, Gießen, 2012.

Freiling, J.; Gersch, M. (2007): Kompetenztheoretische Fundierung dienstleistungsbezogener Wertschöpfungsprozesse, in: Bruhn, M.; Stauss, B. (Hrsg.): Wertschöpfungsprozesse bei Dienstleistungen, Gabler, Wiesbaden, 2007.

Grant, R.; Nippa, M. (2006): Strategisches Management. Analyse, Entwicklung und Implementierung von Unternehmensstrategien, 5. Aufl., Pearson Studium, München, 2006.

Graumann, M. (2011): Controlling: Begriff, Elemente, Methoden und Schnittstellen, 3. Aufl., IDW-Verlag, Düsseldorf, 2011.

Herrmann, J.; Fritz, H. (2011): Qualitätsmanagement, Lehrbuch für Studium und Praxis, Hanser, München, 2011.

Homburg, C.; Krohmer, H. (2006): Marketingmanagement. Strategie, Instrumente, Umsetzung, Unternehmensführung, 2. Aufl., Gabler, Wiesbaden, 2006.

Horvath, P. (1993): Prozesskostenrechnung – oder wie die Praxis die Theorie überholt. Kritik und Gegenkritik, in: Die Betriebswirtschaft, Heft 5, S. 609–628, 1993.

Horvath & Partners (2007): Balanced Scorecard umsetzen, 4. Aufl., Schäffer-Poeschel, Stuttgart, 2007.

Hungenberg, H. (2000): Strategisches Management in Unternehmen, Gabler, Wiesbaden, 2000.

Ivens, B. (2007): Prozessorientierung im Dienstleistungsmarketing: Konzeptionelle Grundlagen und empirische Ergebnisse, in: Bruhn, M.; Stauss, B. (Hrsg.): Wertschöpfungsprozesse bei Dienstleistungen, Gabler, Wiesbaden, 2007.

Kamiske, G. (2012): Handbuch QM-Methoden: die richtige Methode auswählen und erfolgreich umsetzen, Hanser, München, 2012.

Kieser, A.; Kubicek, H. (1992): Organisation, 3. Aufl. Berlin, 1992.

Klimecki, R.; Gmür, M. (1997): Organisationale Transformation – grenzenlos?. Struktur- und Prozessmuster in der kollektiven Bewältigung von Unsicherheit, in: Schreyögg, G.; Sydow, J. (Hrsg.): Managementforschung, 7. Band: Gestaltung von Organisationsgrenzen, de Gruyter, Berlin, 1997.

Knüppel, D. (2004): Risikoselektion als Folge von Einkaufsmodellen im deutschen Gesundheitswesen – Instrumente, Indikatoren, Nachweis und Möglichkeiten zur Verhinderung der Risikoselektion, Köln, 2004

Knuppertz, T.; Feddern, U. (2011): Prozessorientierte Unternehmensführung: Prozessmanagement ganzheitlich einführen und verankern, Schäffer-Poeschel, Stuttgart, 2011.

Körnert, J. (2003): Balanced Scorecard. Theoretische Grundlagen und Perspektivenwahl für Kreditinstitute, in: Benner, W.; Burkhardt, T.; Lohmann, K.; Wilkens, M. (Hrsg.): Neue Betriebswirtschaftliche Studienbücher, Band 25, BWV-Verlag, Berlin, 2003.

Kosiol, E. (1976): Organisation der Unternehmung, 2. Aufl., Gabler, Wiesbaden, 1976.

Kotter, J. (2011): Leading Change – Wie Sie Ihr Unternehmen in acht Schritten erfolgreich verändern, aus dem Amerik. übersetzt von Werner Seidenschwarz, Vahlen, München, 2011.

Kramp, M. (2011): Zukunftsperspektiven für das Prozessmanagement: Der Umgang mit Komplexität, Reihe Planung Organisation und Unternehmensführung, Band 130, Eul, Lohmar, Köln, 2011.

Krause, H.; Arora, D. (2010): Controlling-Kennzahlen – Key Performance Indikators, Zweisprachiges Handbuch Deutsch/Englisch, Bi-lingual Compendium German/English, 2. Aufl., Oldenbourg, München, 2010.

Kugeler, M.; Vieting, M. (2008): Gestaltung einer prozessorientiert(er)en Aufbauorganisation, in: Becker, J.; Kugeler, M.; Rosemann, M. (Hrsg.): Prozessmanagement: Ein Leitfaden zur prozessorientierten Organisationsgestaltung, 6. Aufl., Springer, Berlin, 2008.

Linß, G. (2002): Qualitätsmanagement für Ingenieure, Hanser, München, 2002.

Lux, W. (2010): Performance Management. Effiziente Strategieentwicklung und -umsetzung, Kohlhammer, Stuttgart, 2010.

Macharzina, K.; Wolf, J. (2010): Unternehmensführung: Das internationale Managementwissen, Konzepte, Methoden, Praxis, 7. Aufl., Gabler, Wiesbaden, 2010.

Maier, K.; Laib, P. (1997): Prozessoptimierung: besser, kostengünstiger, schneller, kundennäher, in: Corsten, H. (Hrsg.), Management von Geschäftsprozessen: theoretische Ansätze, praktische Beispiele, Kohlhammer, Stuttgart, 1997.

Meffert, H.; Bruhn, M. (2009): Dienstleistungsmarketing: Grundlagen, Konzepte, Methoden, 6. Aufl., Gabler, Wiesbaden, 2009.

Meffert, H.; Burmann, C.; Kirchgeorg M. (2012): Marketing: Grundlagen marktorientierter Unternehmensführung, Konzepte, Instrumente, Praxisbeispiele, 11. Aufl., Gabler, Wiesbaden, 2012.

Nagel, R.; Wimmer, R. (2009): Systemische Strategieentwicklung. Modelle und Instrumente für Berater und Entscheider, 5. Aufl., Kohlhammer, Stuttgart, 2009.

Nebl, T. (1998): Einführung in die Produktionswirtschaft, 3. Aufl. Oldenbourg, München, 1998.

Neuberger, O. (2002): Führen und Führen lassen: Ansätze, Ergebnisse und Kritik der Führungsforschung, 6. Aufl., Lucius, Stuttgart, 2002.

Neus, W. (2011): Einführung in die Betriebswirtschaftslehre aus institutionenökonomischer Sicht, 7. Aufl., Tübingen, Mohr, 2011.

North, K. (2011): Wissensorientierte Unternehmensführung: Wertschöpfung durch Wissen, 5. Aufl., Gabler, Wiesbaden, 1999.

Osterloh, M.; Frost, J. (2006): Prozessmanagement als Kernkompetenz, Wie Sie Business Reengineering strategisch nutzen können, 5. Aufl., Gabler, Wiesbaden, 2006.

Pauly, M. (1968): The economics of moral hazard, American economic review 58, S. 531–537, zitiert nach: Ullrich, C. (1994): Die Auswirkungen des Moral Hazard auf die GKV-Versicherten: Akzeptanzverlust oder Handlungsoption, Bremen, 1994.

Picot, A.; Dietl, H.; Franck, E.; Fiedler, M.; Royer, S. (2012): Organisation: Theorie und Praxis aus ökonomischer Sicht, 6. Aufl., Schäffer-Poeschel, Stuttgart, 2012.

Posluschny, P. (2012): Prozessmanagement: Kundenorientierung, Modellierung, Optimierung, UVK, Konstanz, 2012.

Probst, G.; Raub, S.; Romhardt, K. (2010): Wissen managen: wie Unternehmen ihre wertvollste Ressource optimal nutzen, 6. Aufl., Gabler, Wiesbaden, 2010.

Richter, R.; Furubotn, E. (1999): Neue Institutionenökonomik: eine Einführung und kritische Würdigung, 2. Aufl., Übers. Von Monika Streissler, Tübingen, Mohr, 1999.

Schäfermeier, U. (2010): Optimierung und Überwachung ausgelagerter Geschäftsprozesse mittels SLA, in: Akpinar, H.; Öztürk, R. (Hrsg.): Optimierung von Geschäftsprozessen, Shaker-Verlag, Aachen, 2010.

Schmalen, H. (2002): Grundlagen und Probleme der Betriebswirtschaft, 12. Aufl., Schäffer-Poeschel, Stuttgart, 2002.

Schmelzer, H.; Sesselmann, W. (2001): Geschäftsprozessmanagement in der Praxis, Kunden zufrieden stellen, Produktivität steigern, Wert erhöhen, Hanser, München, 2001.

Schmitt, R.; Pfeiffer, T. (2010): Qualitätsmanagement: Strategien, Methoden, Techniken, 4. Aufl., Hanser, München, 2010.

Schreyögg, G. (2008): Organisation: Grundlagen moderner Organisationsgestaltung, 5. Aufl., Wiesbaden, Gabler, 2008.

Schreyögg, J. (2002): Medical saving accounts als Instrument zur Reduktion von moral hazard Verlusten bei der Absicherung des Krankheitsrisikos, Berlin, 2002.

Schröder, R.; Schmidt, R.; Wall, F. (2007): Customer Value Added – Wertschöpfung bei Dienstleistungen durch und für den Kunden, in: Bruhn, M.; Stauss, B. (Hrsg.): Wertschöpfungsprozesse bei Dienstleistungen, Gabler, Wiesbaden, 2007.

Schuh, G.; Gudergan, G. (2007): Innovationsfähigkeit industrieller Dienstleistungen in Organisationsformen jenseits der Hierarchie: Eine empirische Analyse, in: Bruhn, M.; Stauss, B. (Hrsg.): Wertschöpfungsprozesse bei Dienstleistungen, Gabler, Wiesbaden, 2007.

Seghezzi, H.; Fahrni, Herrmann, F. (2007): Integriertes Qualitätsmanagement: Der St. Galler Ansatz, 3. Aufl., Hanser, München, 2007.

Seidenschwarz, W. (2008): Marktorientiertes Prozessmanagement: Wie Process Mass Customizing Kundenorientierung und Prozessstandardisierung integriert, 2. Aufl., Vahlen, München, 2008.

Simon, H. (1978): Rationality as process and as product of thought, American Economic Review, 68, S.1, zitiert nach: Williamson, Oliver E. (1990): Die ökonomischen Institutionen des Kapitalismus: Unternehmen, Märkte, Kooperationen, aus dem amerik. Übers. Von Monika Streissler, Tübingen, Mohr, 1990.

Speckbacher, G.; Neumann, K. (2010):Ökonomische Analyse von Eigentumsstrukturen und Koordinationsmechanismen in Organisationen, in: Mayrhofer, W.; Meyer, M.; Titscher, S. (Hrsg.): Praxis der Organisationsanalyse: Anwendungsfelder und Methoden, Facultas, Wien, 2010.

Stöger, R. (2011): Prozessmanagement: Qualität, Produktivität und Konkurrenzfähigkeit, 3. Aufl., Schäffer-Poeschel, Stuttgart, 2011.

Taylor, F. W. (1913): Die Grundsätze wissenschaftlicher Betriebsführung, München u.a., Oldenbourg, 1993.

Thommen, J.-P.; Achleitner, A.-K. (2009): Allgemeine Betriebswirtschaftslehre: Umfassende Einführung aus managementorientierter Sicht, 6. Aufl., Gabler, Wiesbaden, 2009.

Tirole, J. (1995): Industrieökonomik, aus dem Amerik. von Ladwig, R.; Schönfelder, B.; Seidelmann, P., München u.a., Oldenbourg, 1995.

Ullrich, C. (1994): Die Auswirkungen des Moral Hazard auf die GKV-Versicherten: Akzeptanzverlust oder Handlungsoption, Bremen, 1994.

Vahs, D. (2012): Organisation. Ein Lehr- und Managementbuch, 8. Aufl., Schäffer-Poeschel, Stuttgart, 2012.

Weisner, G. (2003): Strategie-Controlling und Erklärung des Shareholder Value auf Basis eines Balanced Scorecard-Modells, Verlag Dr. Kovac´, Hamburg, 2003.

Weismann, A. (1991): Marketing-Strategie: 10 Stufen zum Erfolg, 3. Auflage, Landsberg/Lech, 1991

Welsch, C. (2010): Organisationale Trägheit und ihre Wirkung auf die strategische Früherkennung von Unternehmenskrisen, Gabler, Wiesbaden, 2010.

Wersch, M. (1995): Workflow-Management: Systemgestützte Steuerung von Geschäftsprozessen, Gabler, Wiesbaden, 1995.

Wicher, H. (2010): Organisationsmanagement: Gestaltung, Führung und Entwicklung betrieblicher Organisationen, Verlag-Mainz, Mainz, 2010.

Wilhelm, R. (2007): Prozessorganisation, 2. Aufl., Oldenbourg, München, 2007.

Williamson, O. E. (1979): Transaction-Cost Economics: The Goverance of Contractual Relations, Journal of Law and Economics, S. 233-261, in: Williamson, O. E. (Hrsg.): Industrial Organization, The International Library of Critical Writings in Economics 9, 1990.

Williamson, O. E. (1990): Die ökonomischen Institutionen des Kapitalismus: Unternehmen, Märkte, Kooperationen, aus dem Amerik. von Monika Streissler, Tübingen, Mohr, 1990.

Zech, R. (2010): Die permanente Selbsterschaffung des Unternehmens: Strategieentwicklung in Theorie und Praxis, in: Heidsieck, C.; Petersen, J. (Hrsg.): Organisationslernen im 21. Jahrhundert, Festschrift für Harald Geißler, Peter Lang, Frankfurt, 2010.

Zollondz, H. (2011): Grundlagen Qualitätsmanagement: Einführung in Geschichte, Begriffe, Systeme und Konzepte, 3. Aufl., Oldenbourg, München, 2011.